JN125575

現役大学教授
が 教 え る
「お金の
増やし方」
の教科書

Masayuki
Sakakibara
榊原正幸
青山学院大学大学院教授

勝率99％の科学的投資法

PHP研究所

序──20年の研究で
見えてきた「負けない投資法」とは?

● 私が「株」を始めたきっかけ

こんにちは。青山学院大学大学院で教授をしている榊原です。最初に自己紹介も兼ねて、私の株式投資歴についてお話しします。

私の専攻は会計学で、主に「会計情報と株価の関係」について、極めて実践的に研究してきています。2004年4月に青山学院大学大学院に移籍して16年を超えます。

青山学院大学大学院に移籍する前は、1997年から東北大学の経済学部に7年間奉職しました。東北大学時代は会計学の中でもとりわけ「税務会計論」を専攻しており、「税務会計論講座」を担当していました。2001年にイギリスの大学から博士号を授与されたのですが、その博士論文のテーマが税務会計論だったのです。なぜ税務会計論を専攻していたかというと、私の亡き父が税理士だったからです(私自身も、税理士の資格を持っています)。

そんなわけで、東北大学経済学部では「税務会計論講座」を担当していましたが、東北大学に着任するよりも10年前の1987年の夏頃から株式投資を実践してきていますので、株式投資歴は今年(2020年)で33年になります。1987年といえば、日本のバブル経済が始まった頃です。

株式投資は、趣味のようなものとして始めたのですが、始めたきっかけはなんといっても「バブルの勢いに乗った」という感じでし

た。1987年の4月に1,000ccのバイクに乗っていて大事故に遭い、私の過失はほとんどないという被害者の状態で、脾臓（ひぞう）を失う大けがをしたので、その保険金として大金を手にしました。それを元手に、バブル経済が始まった頃の株式投資にのめり込んでいったのです。

●「空売り」で大失敗！

　最初の10年間の投資は、「いい加減なもの」でした。そんな風でも、1989年末のバブルの頂点までの最初の2年半の間は、「いい加減に（すなわち、勘と噂と思い込みだけで）」やっていても、なんだか儲かってしまいました。

　1990年の年初からバブルが崩壊しましたが、私はその頃、信用取引の「空売り」を覚えてしまい、1990年の夏までは、この「空売り」でかなり儲けていました（「信用取引」とは、証券会社などからお金を借りて取引すること。「空売り」とは、高くなった株を先に売り、安くなってから買い戻してその差額を利益として得る手法です）。

　しかし、株式投資は初心者が儲け続けられるほど甘くはないです。

　1990年の夏に、いわゆる「仕手株（してかぶ）」を空売りしてしまい、都心の一等地に2LDKのマンションが買えるくらいの大金を、たった1つの取引で、しかもたった3カ月で失い、一文無しになってしまいました。

　皆さん、**信用取引の「空売り」は絶対にしないでください！** 一文無しになってしまいますよ。

　1990年の夏に一文無しになってからも、その年にもらった夏のボーナス（当時の大学の助手のボーナスですから、50万円くらいで

す）を元手に細々と株式投資は続けていました。「いつか絶対に、大損を取り返してやる！」という執念も手伝って、地道に実践を続けていました。

それから3年後に、イギリスに留学することになりました。イギリス留学時代はとても貧乏だったので、ついまた信用取引に手を染めてしまいました。今度は「空売り」はしませんでしたが、普通の買いでも大失敗し、せっかく300万円くらいまで増えていた資金が、またもや30万円くらいに減ってしまいました。

皆さん、**信用取引は、「空売り」ではなく全面的に、絶対にしないでください！** 大損してしまいますよ。

● 研究成果を株式投資に応用することで、連戦連勝

それから1997年に東北大学に着任するまで（最初から通算で10年間）は、まさに暗黒時代でした。株式投資は好きでしたが、成果はいまひとつで、儲かったり損したり。

そこで私は、「会計学を専攻して、東北大学の助教授にまでなれているのだから、株式投資に会計学を応用しない手はないな」ということに、やっと気がつきました。バブルの頃は、日本の株式市場は理論もへったくれもなく、勢いだけという感じでしたが、バブルが崩壊して7年も経った1997年頃には、日本の株式市場も比較的理論が重要視されるようになってきていたのです。

それからも2001年の夏に博士号を取るまでは、税務会計論を研究課題としていましたが、博士号を取ったところで、研究課題に大きなきりをつけて、それ以降は「会計情報と株価の関係」について研究するようになりました。株式投資歴33年、株式投資の理論的研究歴19年というわけです。

それから4年の歳月をかけて、私独自の株式投資の手法を確立し、「Prof.サカキ式投資法」と名付けました。青山学院大学大学院に移籍して1年後の2005年からは、株式投資の本も書くようになりました。

　私が株式投資の本を最初に上梓したのが2005年4月です。早いもので15年も経ちました。これまでに16冊ほど株式投資関連の著作を書いてきました。2005年に「Prof.サカキ式投資法」を確立してからも15年間にわたって、その手法を進化させ、洗練させてきました。

　そして、ここに来てついに、究極の株式投資の手法を編み出すことに成功しました。永年にわたる実践的な経験と膨大なデータ分析の積み重ねによって到達した珠玉の投資法です。

● 20年の集大成が、本書です

　本書は安全で堅実な株式投資の手法をわかりやすく解説することを目的としています。ここまでに書いたような、私の紆余曲折の株式投資の経験と、20年近くにわたって、会計学の基礎的な知識を用いた科学的な投資法を研究し続けてきた成果を皆さんにお伝えしたいと思うのです。

　そうすることで、皆さんは私のような遠回りをしなくても済みます。33年のうちの少なくとも最初の10年間は暗黒時代でした。株式投資についてきちんと勉強し直して、会計学の基礎理論を応用した堅実な投資法（Prof.サカキ式投資法）を確立したところから、成果は見違えるようによくなりました。本書をお読みになることで、皆さんは33年分の経験値を一気に学べます。暗黒時代を経験せずに済むのです。

　本書は、20年近くにわたる研究と実践的成果の集大成となる著作です。私は1961年6月生まれですので、もうあと8カ月で還暦を迎えます。ここらで、集大成となる1冊を書き上げておきたいと思い、筆を執りました。私の株式投資に関する経験と知識の集大成を皆さんにお伝えしておけば、私はいつ死んでも悔いはないと思う次第です。

　なお、「会計学の基礎的な知識を用いた科学的な投資法」といっても、決して難解ではありません。とてもわかりやすく、株式投資の初心者からベテランの方まで、多くの読者の方々にご好評をいただいてきました。じっくりお読みいただければ、**どなたでも安全で堅実な株式投資を実践していただけるように徹底解説しています。**

　本書では、株式投資の実践的な内容に入る前に、第1部で「お金の問題・副業の始め方・老後の問題」に、私なりにお答えしていきます。

　そして第2部で、株式投資の実践的手法を解説します。そこでは、私の投資法（Prof.サカキ式投資法）の中でも極めつけの投資法について解説していきます。その投資法とは「パッシブ投資」と名付けた長期投資の手法です。詳しい内容は第2部以降に譲ります。

　それではさっそく、第1部に入っていきましょう。

Contents

第2部 # 株式投資の実践編
——豊かな老後を実現する「負けない」投資法とは？

Contents

第 **1** 部

お金の問題・
副業の始め方・
老後の問題、
すべてに
お答えします!

第 1 講

今から備えておくべき
「お金の諸問題」

・預金をしていてもお金はほとんど増えない

・株式投資はギャンブルではない

・老後に必要なのは「守りの資産運用」であり、
　そのためには株式投資が最適

1-1限

当世、お金事情

　本書は、第２部で株式投資の実践的な手法について詳しく述べていきますが、その前にこの第１部で、お金の諸問題を始めとして、副業の始め方や老後の問題について、私なりの見解をお伝えしていきます。皆さんの人生設計において、なんらかのご参考になればと祈りつつ、めいっぱい本音で語っていきたいと思います。

　ではさっそく、「当世、お金事情」と題して、日本人が知っておくべき「お金の教養（ファイナンシャル・リテラシー）」と株式投資に関する「知られざる真実」について、私見を忌憚（きたん）なく開陳して参ります。

1 銀行預金は、お金の「一時的な置き場所」に過ぎない

　私は、銀行に預金することはしません。利子が付かないからです。生活上必要なお金は銀行に預けてありますが、それはあくまでも通常の生活をしていく上で出入りしているお金を一時的に入れてあるだけです。青山学院大学から給与が振り込まれ、住宅ローンや光熱費・カードの支払いが引き落とされています。

　少しだけ余裕をもたせて通帳には残高がありますが、１つの銀行の通帳に多い時で250万円、少ない時で25万円くらいしか入っていません。２つの銀行に通帳を持っているので、多い時でも500万

円、少ない時で50万円くらいしか預金は持っていないということになります。

　ここで、「ということになります」と他人事のようないい方をしましたが、それも無理はありません。なぜなら、私にとっては銀行預金などというものは、「残高不足を起こさないようにチェックだけはしている」という存在でしかないからです。銀行でお金をためようとか、ましてや増やそうとか、さらには「銀行にお金を預けておけば安心」といったことは一切思ったことがなく、ただひたすら「残高不足を起こさないように」というだけです。

　銀行は、お金の「一時的な置き場所」に過ぎないのです。これほど金利が低い時代に、そんなところにため込むなんて、今どきナンセンスです。皆さんも薄々、またはハッキリとお感じになっていらっしゃるのではないでしょうか。

2　では、どこにお金をためるのかというと

　では、どこにお金をためるのかということに対する答えを先に書きますと、「証券口座」と「金地金（きんじがね）」です。

● どこにお金をためるのか　その1　「証券口座」

　株式はもちろん資産運用のために保有しています。お金を増やすのは、ここがすべてです。株式を売った時は現金残高（キャッシュ・ポジション）が多くなっていますが、引き出すことは稀で、そのままにしてあり、株式が安くなった時に買い付けるための資金として待機しています。

　しかも、「コツコツ貯金」なんてしていません。証券口座に入っているお金は、原則的に出し入れをしません。お金を引き出すことはもちろん、入れることも、ごくたまにしかしないのですが、運用することで増えていきます。つまり、「コツコツ運用」してさえいれば、「コツコツ貯金」はしなくてもお金が増えていくのです（もちろん、証券口座にコツコツお金を入れていくのも悪くないです。その分は着実に増えますから）。

　また、金融資産を銀行預金ではなく、株式にしておくことで、配当金が受け取れます。これはやり方にもよりますが、うまく運用すれば、年率で2.4〜4.0％の利回を得ることも可能です。この利回りは「手取り」の利回りですから、かなりいい利回りです。今時の銀行預金の利回りは0.001％などという低水準ですから、配当による2.4％〜 4.0％といった利回りこそが、一昔前（大昔？）の預金金利の感覚に近いと思います。ですから、今どきは銀行口座に預金するのではなく、それと同じような感覚で証券口座に入金して、それを運用するというように頭を切り換えないと、「貯金貧乏」になってしまいます。

● どこにお金をためるのか　その2　「金地金」

　そして、「金地金を保有すること」こそが、超長期の「貯金」です。一昔前の定期預金みたいな感じです。
　金地金とは、金そのものです。金地金は、銀行預金と違って、インフレ対抗力をしっかりと発揮してくれますから、とても安心できる超長期の「貯金」（定期預金）だと思っています（なお、「インフレ対抗力」というのは、経済がインフレになった時、すなわちモ

ノの値段が上がっていった時に、それに連動して価値が上がっていく力のことを意味します)。

「金地金は金利が付かないからイマイチだ」ということをよく聞きますが、私はそれとは違う考えを持っています。

たしかに、金地金は定期預金みたいに「元本＋金利」というように、外付けでは金利は付きませんが、本体そのものの価格がインフレに呼応して上がっていきますので、それはすなわち「金利が付いたのと同じ」だと思うのです。

少し難しくいえば、金利というのは成長率に比例するものであり、インフレも成長率に比例します。であればインフレに比例して価格が上がる金地金には、金利が付いているのと同じ、というわけです。

そもそも、皆さんは「お金」というと「100円玉（硬貨）」や「1万円札（紙幣）」のことだと思うでしょうが、実は違います。「お金」のもとを正せば、「金地金」なのです。しかし、金地金のままだと交換手段として不便だから、100円玉や1万円札に金地金を替えて、それを「お金」として流通させている、というのが正しい理解です。

1971年にドルと金の交換を停止した「ニクソンショック」の時点で、いわゆる「金本位制」は崩壊していますが、国家の保証の下にお金と金地金とを交換できなくても、「価値の源泉」は、「お金」ではなく「金地金」であることは、今もって世界の共通認識です。そのように理解しておくことが正しいのです。

ですから、長期的に価値を保存しようと思ったら、硬貨や紙幣や預貯金ではなく、「お金」の根源的な源流である「金地金」でためておくのが正しいのです。

　なお、この「超長期の貯金」である「金地金」を引き出す（＝現金化する）のは老後にお金に困った時だけと決めています。または、万が一、ハイパーインフレになった時にはハイパーインフレ後に換金して、それで生活するかもしれません。

お金をどこに置いておくか

　この金地金のことについては、85ページの終わりに「コラム」でさらに詳しく述べます。

なぜ
株式投資が必要なのか

　ではここで、「なぜ株式投資が必要なのか」について、皆さんの素朴な疑問にお答えする形式で述べてみようと思います。

　読者の皆さんの素朴な疑問は、たとえば次のようなものではないかと思います。10個ほど挙げてみました。

「え、今さら株なの？　他にいい投資がありそうじゃない?」

「世界経済の先行きは相変わらず不安なのに、株は怖いよね」

「そもそも資金をあまり持ってないし」

「あまり時間をかけたくないんだよね。ぱっと儲けたい!」

「日本って、もう成長の余地がないでしょ？　国内株への投資なんて意味ないんじゃない?」

「株って結局、ギャンブルでしょ?」

「株って結局、デイ・トレーダー的な人が儲けるだけなんじゃないの?」

「株には以前手を出してみたけど、結局、労多くして儲からなった……」

「やったほうがいいのはわかるけど、結局、株価が気になって本業が手につかなくなりそう。それでは本末転倒では?」

「お金があったらまず、マンション購入の資金にしたり、子供の学費の積み立てにつかったりしたほうがいいのでは?」

　これらの10個の質問は、実は、本書の編集担当者さんが、「株式投資に対して読者の皆さんが抱えていらっしゃる疑問は、こんなことではないでしょうか」ということで投げかけてくれたものです。これらの想定質問にお答えするかたちで、「なぜ株式投資が必要なのか」、そして「株式投資とはどういうものなのか」について語ってみたいと思います。

1 「え、今さら株なの？ 他にいい投資がありそうじゃない？」

　「今さら」とおっしゃるなら、理論に裏付けされた科学的な投資法で、もう実践してきたということでしょうか。そうであれば、株式投資をライフワークと考えて実践し続けてきた私のように、しっかり稼げているはずです。そうではないならば、今からでも遅くはないので、ぜひ始めるといいと思います。

　「他にいい投資がありそう」とおっしゃるなら、逆に私に教えてください。私の知る限りでは、投資の中では株式投資が、一番効率がいいです。そして、本書で解説するProf.サカキ式投資法は安全性を重視しています。

　投資というと、他には不動産投資、事業への投資、FX投資、暗号資産（仮想通貨）への投資、金への投資などが考えられます。それぞれに対する私の考えを述べていきます。

● 不動産投資

　不動産投資はスローな投資としてはありだと思いますが、株式投資よりもいい投資とはいえないと思います。よほど奇異な手法を用い

ない限り、通常の方法では手取りの利回りはせいぜい5％あればいいほうでしょう。もし資金の多くを借入で賄った場合は、手取りの利回りは1％〜2％程度になってしまうので、取ったリスクと煩わしい手間を考えると、あまり割のいい投資とはいえないと思います。

　ちなみに、不動産投資が儲かりそうに思えるのは、巷にある不動産投資関連の書物のタイトルに「資産5億円」とか「年収1億円」といった威勢のいい金額が散見されるからだと推察します。そういった書物をちゃんと読み込んでみると、ほとんどのケースで「資産の総額はたしかに5億円だけど、借金が4億5,000万円あるから純額の資産は5,000万円くらい」とか「年収は1億円だけど、それは単純な家賃収入の合計額であって、借入金の返済と経費・税金を支払ったら、手取りは数百万円」とかが実状です。不動産投資は、見かけよりも儲からないもののようです。

● 事業への投資

　これは成功すればかなり儲かる投資ですが、失敗すればゼロになりますし、失敗する可能性のほうが圧倒的に高いでしょう。また、事業への投資は、非常に目利きでないとうまくいかないもので、自分でも事業を成功させているような人でないと、なかなかうまくいかないようです。

　私自身も、それをうまく実践する方法を知りません。誰か知っていたら教えてください。

● FX投資

　FX投資というのは為替への投資ですが、「為替は株より難しい」というのが私の偽らざる本音です。為替は、銘柄数も株式投資より

は断然少なくて、ドルやユーロは身近でもあります。そして、為替は「上がるか下がるか」だけなので、一見簡単そうに見えます（株式投資も「上がるか下がるか」だけなのですけどね）。

　しかし、為替はあまりにも利害関係者が多く、森羅万象（しんらばんしょう）の事象を織り込んで動くため、非常に難しいのです。

　また、「序」で述べた「信用取引」と同様、**FX投資には大きなレバレッジをかけがちなため、初心者には扱いきれなくなりますし、ハイリスク・ハイリターンです。「信用取引」と同様、手出し無用です。**

● 暗号資産（仮想通貨）への投資

　暗号資産については、私は無知です。しかし、今のところは投機性が高いので、あまり「いい投資」とはいえない、という印象を持っています。

● 金への投資

　前にも述べたように、金地金への投資は「貯金」だと思っているので、「投資」ではないと考えています。ですから、「いい投資」という範疇（はんちゅう）には入れられません。2019年の後半から金価格が高騰していますので、投資と考えれば、たしかに儲かった投資ですが、今後も儲かるかどうかはわかりません。

　以上のようなわけで、株式投資が一番安全で効率がいい投資だと私は思っています。

2 「世界経済の先行きは相変わらず不安なのに、株は怖いよね」

　世界経済の先行きに不安はつきものです。2020年にも2月の後半から、NY市場の大暴落が発生しました。もちろん、日本の株式市場も暴落し、日経平均株価が16,358円まで下がりました。

　新型コロナウイルスの世界的流行（パンデミック）に対する不安が引き金となりましたが、この大暴落の本質的な原因はバブル的に膨張していたNYダウのバブル崩壊であり、新型コロナウイルスの世界的流行は単なる「きっかけ」でしかありません。新型コロナウイルスは1月下旬には充分に問題視されていたにもかかわらず、NYダウは2月12日には史上最高値を付けました。高すぎるNYダウのバブルがはじけるきっかけとしては、新型コロナウイルスの世界的流行は格好のものとなりました。

　新型コロナウイルスの世界的流行は、たしかに世界経済に影響を与えます。中国を中心としたサプライチェーンが破壊され、人々が感染を怖れて色々な活動（イベント活動や旅行など）を萎縮させたため、経済に多大な悪影響を及ぼします。それによって株価が急落したというわけです。

　新型コロナウイルスの世界的流行に限らず、米中貿易摩擦や北朝鮮問題、原油価格や為替の乱高下、世界経済の停滞やスタグフレーション（不況下の物価高）など、世界経済の先行き不安を挙げ始めたらきりがありません。

　しかしながら、こういったことを怖れていては何もできません。株式投資をしていなくても、勤務先が倒産すれば、当面の生活には困

りますし、物価が上がれば生活が苦しくなります。**物価高に対する生活防衛のためには、むしろ株式投資をしておくほうがプラスです。**株式にはインフレ対抗力があるからです。

「株は怖い」というのをよく耳にしますが、私は逆に「株式投資をしていないほうが怖い」と思っています。

「株は怖い」というのは、「価格（株価）が下がるかもしれなくて、それが怖い」のでしょうか。株価は下がるばかりではなく、上がることも多いのに、なぜそのメリットは享受しようとしないのでしょうか。**株式投資は、「きちんと勉強すれば、儲かるようにできている」のです。**それなのに、なぜそのチャンスを手にしないのでしょうか。

そもそも、「価格（株価）が変動すること自体が怖い」のかもしれませんが、それもおかしな話です。私たちが生活している中で、日本円の価値は為替市場において常に変動しています。つまり、株式投資をしていなくても、世界から見た「日本の価値」は常に変動しているのですが、それは怖くないのでしょうか。為替市場で円安に振れれば、せっかくの銀行預金の価値は外国から見ても、また購買力の意味でも目減りするのですが、それは怖くないのですか。

これらのことには、「気づいていないから」怖くないだけです。為替市場がある限り、「何もしなくても、価格変動には晒されている」ということに気がつけば、「株価の変動だけを怖がる意味はない」ことにも気がつくはずです。

結局、生きていれば（日常生活をしていれば）、「価格変動」からは逃れられないのです。であれば、積極的に行動を起こしたほうが、自己防衛になりますよ。攻撃は最大の防御です。

　これはよく学生さんが口にしますね。たしかに資金がなくては始まりません。

　しかし、資金がないうちからでもできることがあります。それは「株式投資の勉強をすること」です。株式投資を実践する前に、まず株式投資の勉強をしておくことは、有益な必勝法です。

　株式投資の資金としては、やはり少なくとも100万円から150万円くらいは必要です。500円の株を100株だけ買うのであれば、5万円からでも始められますが、有効な投資をしようと思ったら、どうしても2,500円くらいの株価のものを3銘柄くらいに分散しながら100株ずつ買い、株価が1割くらい下がったらまた100株買い増しするような感じになりますから、資金は100万円から150万円くらいあったほうがいいというわけです。

　ですから、100万円から150万円くらいたまるまでは、本を読んだりセミナーに行ったりして、しっかり勉強しておくのがいいでしょう。お金がないうちは、勉強しながらお金をためるのです。そして、お金と知識がたまったら、いざ実践です。「お金がないから株式投資はできない」というのは言い訳になりません。

4 「あまり時間をかけたくないんだよね。ぱっと儲けたい！」

それは、無理です。

　手っ取り早く儲けたいなどというのは、危ないことか違法なことで

もしないと無理です。それか、宝くじでも当てますか?

株式投資で成功するには、やはり一定の「時間」が必要です。株式投資の成功の方程式は、以下です。

株式投資の成功＝資金 ＋ 勉強 ＋ 時間

特に若い人は、「時間」を武器にして欲しいのです。

時間というのは強力なパワーを持っています。年率10%の利益で、7年かければ資金は2倍に増えます。もちろん、その期間内に資金を追加していけば、3倍にも4倍にもなります。資金がぱっと2倍になるような魔法を私は知りませんが、7年かければ倍になる方法を知っています。それが株式投資です。

「あまり時間をかけたくないんだよね。ぱっと儲けたい!」なんていうことを考えている人は、いつまで経っても全然儲からないんですよ。

5 「日本って、もう成長の余地がないでしょ? 国内株への投資なんて意味ないんじゃない?」

株式投資で儲けるために、「成長」は必要な条件ではありません。なぜかというと、株式投資というのは「安く買って、高く売ればいい」のですから。それであれば、成長などしなくても、横ばいの経済成長の中でもチャンスはいっぱいあります。むしろ、**横ばいの経済成長下のほうが、チャンスはつかみやすい**と思います。株価の

本田技研工業(7267)の過去10年8カ月間の株価推移

—— 移動平均線(12カ月)　—— 移動平均線(24カ月)

3,200円

2,500円

2010　2011　2012　2013　2014　2015　2016　2017　2018　2019　2020
(年)

安値と高値がわかりやすいからです。

　典型的なたとえを挙げて説明します。

　私の得意な銘柄に「本田技研工業（7267）」があります（カッコ内は銘柄コードを表します）。この企業は世界的な大企業ですが、今では際立つような成長企業というわけではありません。そして、過去10年余りの間の株価推移を見ると、どんどん上がっているわけではなく、株価は横ばいです。

　上に、本田技研工業の2010年1月から2020年8月末までの過去10年8カ月間の株価推移を掲載しました。これを見るとおわかりのように、過去約10年間の中では、最安値圏は2,127円（2011年11月）と2,120円（2020年3月）で、最高値は4,499円（2015年8月）です。そして、図のように、下は「2,500円」、上は「3,200円」に平行線を引くと、その間を行ったり来たりしていることがわかりますね。

　ですから、「2,500円で買って、3,200円で売れば」、成長していなくても何回も儲かるのです。2,500円で買って3,200円で売ると、

税込みですが28％も儲かります。しかも約10年間で5回もそのチャンスがあったのです。最初に2010年7月に250万円を投資したとして、複利で運用していけば、税引き後の手取りで9年4カ月後の2019年11月には、およそ686万円になります。9年4カ月間で2.7倍になっています（税率はすべて20％として計算し、手数料は度外視）。

このように、**成長企業ではなくても、安値と高値を見極めて上手に売買すれば、しっかりと利益が得られるの**です。ですから、日本市場が成長市場ではなくても、利益を得るチャンスはいくらでもあります。

なお、新興国はもちろんのこと、アメリカや中国であっても、海外に投資するのは「よくわからないもの」に投資することになるので、私は一切やっていません。1990年代にイギリスにいた時でさえ、イギリスの株には一切投資せず、国際電話で日本の株を売買していました（当時はインターネットもネット証券会社もなかったので、電話で売買注文を出していたのです）。

6 「株って結局、ギャンブルでしょ？」

以下、私が2005年に上梓した著作から引用します（若干の加筆修正あり）。

> 巷では、よくこんな言葉を耳にします。
> 「株が上がるかどうかなんて、『神のみぞ知る』だよ」
> 「株は博打みたいなものだよ。上がるも八卦、下がるも八卦だ

ね」

これらの言葉は、一部分だけは正しいですが、ほとんど間違っています。これらの言葉の間違いを修正するために、私にいわせていただければ、次のようになります。

（1）「株が上がるかどうかなんて、『神のみぞ知る』だよ」
　　　について

↓

「株価は市場で決まります。市場での価格は『神の見えざる手』によって決まります。その意味ではこの言葉は正解ですが、株価の決定要素が何であるかを知り、会計情報や株価の情報を分析することで、将来の株価をある程度まで合理的に予測することが可能になります。神様でもなきゃわからない、というのは間違いです」

（2）「株は博打みたいなものだよ。上がるも八卦、下がるも八卦だね」について

↓

「たしかに、株の中には博打みたいな株価形成をするものも含まれています。しかしそれは、市場に上場している多くの株のうちのごく一部の、いわゆる『仕手株』といわれるようなもののことです。上場している株の中には、そういったようなものも含まれていますが、それはあくまでも例外です。
ほとんどの場合、株価は長期的に見れば、合理的かつ科学的に形成されるものです。決して博打ではありません。
それに、もし株が博打なら、自分たちの人生そのものも、みな

博打のようなものになってしまいます。人生においても、明日何があるかなんて、誰にもわからないのですから」

結論！
株は博打ではありません。「神のみぞ知る」でもありません。株価形成の合理的根拠、すなわち、市場全体と個別企業の株価の決定要素を学び、会計情報の分析を行うことで、株式投資を成功に導くことができるのです。
つまり、株式投資は『科学』なのです。

　というわけで、株は博打ではありません。「株は科学です」。このことを私は15年前からずっと主張し続けています。

　株式投資の対象の中には（引用文にもあるように）、博打的なものも含まれています。仕手株とか材料性の注目株といわれるものです。そういった存在が目立つがために、どうしても「株は博打的だ」という印象を持たれてしまいがちですが、そういったものには一切手出ししなくても、株式投資はいくらでもできます。そして、科学的な手法を用いて、堅実に投資すれば、株式投資は全然博打ではないものとなります。

　きちんと勉強してから株式投資をすれば、「株は博打ではない」ということを実感していただけると思いますよ。

7 「株って結局、デイ・トレーダー的な人が儲けるだけなんじゃないの？」

　実は私もかつて、デイトレをやっていた時期があります。デイトレ

が「日計り」と呼ばれていた時代（私の場合、1980年代後半）の話です。ただ、私はセンスが悪かったのか、結果的には、たいして儲かりませんでした。損もしなかったのですが、通算では手間のわりに利益もわずかだったという記憶があります。

　世の中にはデイトレで大成功している人がいるのは紛れもない事実です。ただ、そういった人たちの本を読むと、彼らは相当な労力をかけ、秒単位の購買の意思決定を1日に何十回も繰り返すようです。まさに「職人芸」であり、それだけの技術や覚悟がない人が安易に手を出す世界ではないと思うのです。

　「株って結局、デイ・トレーダー的な人が儲けるだけなんじゃないの？」にお答えするとすれば、「デイ・トレーダー的な取引をする人のほとんどは、通算すればあまり儲かっていないと思いますし、儲かっているとすれば、それは才能のある職人芸をお持ちのごく一握りの投資家だけなんじゃないでしょうか」ということになります。

　皆さんも「株長者」という言葉をお聞きになったことがあると思います。株式投資で成功した人とか、株式をものすごくたくさん持っている人のことですよね。こういった人達がみんなデイトレをやって稼いだんだと思いますか？　違います。むしろ、**長期的に株式投資を実践したか、株式を長期で保有しながらコツコツと株数を増やしていった人を総称して「株長者」と呼んでいます。**そういうことです。

　超短期のデイトレで稼いでいる人は、むしろごく一部の天才的な人だけで、多くの株長者は、長期的な視座で資産を増やしてきた人なのです。

なお、新型コロナウイルスの感染拡大によって、自宅勤務が猛烈に増えました。それと並行して、ネット証券会社の新規口座開設数が昨年対比で2〜3倍に急増したそうです。自宅勤務になって、仕事の合間に株式投資ができるようになった人が多いということでしょう。しかし、上に述べたように、**デイトレは甘いものではないので、充分ご注意ください。**

8 「株には以前手を出してみたけど、結局、労多くして儲からなかった……」

こういうことをおっしゃる人、たしかに多いですよね。

そういう人にお訊きしたいです、「きちんと勉強してから始めましたか?」と。

「労多くして」とおっしゃいますが、変な気苦労（＝理論的な根拠もなく買った株の株価の上下に一喜一憂する気苦労）ばかりが多かったのではないでしょうか。理論的な根拠もなく、勘と度胸だけで株を買っていたとしたら、「結局、労多くして儲からなかった……」という印象で終わるのも無理はないでしょう。

きちんと勉強してから始めれば、または、すでに実践中の人もしっかりと勉強し直せば、「結局、労多くして儲からなかった……」ということにはならないと思います。

その勉強の仕方を本書の第2部で、余すところなく解説していきます。

ただし、最初に申し上げておきますが、「結局、労は少し多くて、でもその苦労に見合う以上には儲かりますよ」という感じです。**楽をして儲けようなんていうことは、考えないでください。**

「やったほうがいいのはわかるけど、結局、株価が気になって本業が手につかなくなりそう。それでは本末転倒では？」

「株価が気になって本業が手につかない」ということこそ、先ほども述べた「変な気苦労」の典型です。株価が気になってしまうのは、理論的な根拠がない状態で株を買ってしまっているからでしょう。自分で勉強した知識を基にして、理論的な根拠をもって株を買っていれば、株価のことはあまり気にならないようになります。

というのも、理論的な根拠をもって株を買っていれば、「多くの場合、買い値が安値圏で、そこから下がっても1割か悪くて2割、最悪でも3割下がれば底値。そして、上がるのも、期待しているのは買い値から1割か2割上までで、そこまで上がれば売ってしまう」ということが、買った時点でわかっているからです。ですから、きちんと勉強した上で株式投資をしていれば、「心穏やか」なのです。

● **本業は大切にしてください**

本業は大切です。間違っても、「株だけで食べていこう」などとは考えないでください。多少儲かってくると、「株だけで食べていこう」と考え始める人がいますが、会社員の給与のような安定した収入を捨ててはいけません。「安定した収入」で生活して、株式投資の利益はすべて「再投資」に回すのです。それが資産増殖の王道です。

また、「株だけで食べていこう」とすると、もしも長期的に儲からないといった事態に陥った時に、よほど盤石な巨額資金の裏付けがない限り、生活が成り立たなくなって、焦ってしまい、しなくてもいいような愚かな失敗に陥ってしまいます。

　ですから、本業は大切にして、上で述べたような「心穏やかな
投資」を心がけてください。

偉大なる「複利の力」

　すでに述べたように、株式投資で稼いだお金は「再投資」に回さな
ければ、お金はいつまで経っても増えませんから、そういう意味でも、
株式投資で稼いだお金で食べていこうと考えてはいけないのです。安
定した本業を大切にして、本業からの収入で生活していきながら、株
式投資は余裕の資金で副業として行いましょう。そして、株式投資で
稼いだ分は「再投資」に回して複利で増やす。これに限ります。

　簡潔に述べますが、再投資によって得られる「複利の力」は人類最
高の武器です。アインシュタインも「複利の力」こそが「人類最大の発
明」であり、「宇宙で最も偉大な力」といったといわれていますが、納
得です。

　たとえば5,000万円の資金があり、年間の利回りで10%(税引き
後)の運用能力があるとします。どちらも現時点では「理想でしかない
よね」かもしれませんが、「たとえば」の話なのでご理解ください。

　なお、どちらも現時点では理想でしかないかもしれませんが、本書
をお読みいただいた以上は、**「10年後にはマジですよ」**。

　話を戻しましょう。5,000万円と運用利回り10%の運用能力がある
とすると、1年で500万円を稼げます。

　この500万円をつかっていってしまうと(500万円を生活費にして
しまうと)、1年後の年初の資金額も5,000万円のままです。また1年

で500万円を稼げますが、この500万円をつかっていってしまうと、またまた1年後の年初の資金額は5,000万円のままです。またその年も1年で500万円を稼げますが……〈以下同文〉。

すなわち、「株だけで食べていこう」とすると、せっかくの資金と運用能力も「資金を増やす」という意味では水の泡となり、資金はいつまで経っても5,000万円のままです。

それに比べて、本業で食べていき、株式投資は副業として行って、株式投資で稼いだ分はつかわずに再投資に回して複利で増やすと、10年後には5,000万円の資金はいくらになっているでしょうか。

ドラム・ロール！　ドドドドドド！

およそ1億3,000万円です。

これが「複利の力」です。

ということで、本業は大切にして、株価が気にならないようになるために、しっかり勉強してから株式投資を実践していきましょう。

複利の力

■ 増えた分だけつかう──5,000万円のまま

■ 再投資・複利の力を発揮──1億3,000万円に

　なお、齢60にもなって、株式投資の経験も20年以上のベテランの域に達したら、隠居をして、1億円〜2億円の資金を元手にして、いぶし銀の手法を用いて「株だけで食べていく」のもアリかもしれません。でもそれは少なくとも、一昔前の「定年年齢（60歳）」になった人で、かつ、1億円〜2億円のまとまった資金を持っている人が、「再雇用の安月給で会社にしがみつくくらいだったら、いっそのこと自由になろう」という場合にのみ許されることだと思います。その場合は、その人は「本業が定年になったから、自由業のトレーダーに転職した」というだけのことですね。

● 老後は、どうせ株式投資が本業になる

　以上のようなわけで、株式投資は副業に徹しましょう。そして、しっかり勉強して、理論的な根拠をもって投資をしていけば、本業が手につかなくなることもなくなりますよ、ということです。

　さらには、老後を見据えてください。老後を見据えたお話は、次の3限で詳しくお話ししますが、ここでも簡潔に触れておきましょう。ここでは「老後」というのを「ある程度の高齢になって、本業をリタイア（退職）した後の時期」と定義しておきます。

　本業を納得いくまで務め上げて、充分な経済的基盤を確立できたら、その時が本業をリタイアする好機です。そして、そうなったら、その時には株式投資が本業になります。運用益と、（いくらあるかはあてにならない）年金とで食べていくことになります。

　きちんと勉強してから株式投資をすれば、理論的根拠の裏付けができますから、株価が気になって本業がおろそかになることはなくなるでしょう。

本業を大切にしながら、株式投資を堅実に実践し続けて、複利の力を利かせて盤石な資産を形成し、豊かな老後を迎えましょう！

> **10** 「お金があったらまず、マンション購入の資金にしたり、子供の学費の積み立てにつかったりしたほうがいいのでは？」

マンション購入の資金と、子供の学費の積み立てについて、順番にお答えしていきましょう。

● マンション購入について

マンション購入にも「自宅用」と「投資用」がありますが、ここでは、「お金があったら『まず』」ということで、自宅用のマンション購入を意味していると考えるべきでしょう（不動産投資用のマンションについては、後ほど解説します）。

住まいについては、一家の主であれば一度は検討する人生の課題です。自宅用のマンションでも一戸建てでもいいので、以下では「自宅用の居住用財産」と書きます。

世の中には「自宅用の居住用財産なんか買わないほうがいい」という「賃貸派」も一定数はいますし、最近の風潮では「所有から使用へ。シェアリング・エコノミー」ということで、この賃貸派が増えていますが、「自宅用の居住用財産なんか買わなければいい！」といってしまうと話が終わってしまうので、ここでは賃貸派ではなく、「購入派」を前提に考えていきます。

このことに関する結論を述べる前に、**「本多静六式蓄財法」**につ

いて、ご紹介したいと思います。

　本多静六氏は明治から昭和にかけて活躍した林学者です。東京帝国大学の教授を務め上げるかたわらで、株式投資と不動産投資で巨万の富を築き上げた「日本の蓄財の神様」です。定年時には現在の価値でいうと数十億円規模の財産を築き上げながら、そのほぼ全財産を教育関係や公共の関係機関に寄付したという奇特な名士です。

　その本多静六氏が「蓄財の秘訣」を伝授してくださっています。それは、簡潔にまとめると次のようなものです。

> 「定期的な収入の4分の1と臨時的な収入の全額を
> 蓄財しなさい。そして、底値になった株または
> 不動産に投資しなさい」

　たったこれだけで、本多静六氏は莫大な財産を築き上げたのです。この言葉を会社員に当てはめます。

> 「毎月の給与の4分の1とボーナスの全額を蓄財しましょう。
> そして、底値になった株または不動産に投資しましょう」

ということになります。これで、定年までには充分な財産が形成できるというわけです。

　そこで本題に戻ります。

　給与の4分の1というと給与の25％です。その25％のうちの5分の2である給与の10％を自宅用の居住用財産の頭金のために蓄財

します。また、給与の10%を株式投資の資金として蓄財し、給与の残りの5%を子供の学費の積み立てなどのために蓄財すればいいと思います。

「臨時的な収入の全額」は予備費としてためておきますが、これも臨時的な支出がなければ、自宅用の居住用財産または株式投資のための資金に充当すればいいでしょう。

要するに、給与の4分の1とボーナスの全額を蓄財して、（底値になった）株または不動産に投資すればいいのです。子供の教育というのは、非常に有益な投資ですから、そのためにも給与の5%を蓄財します。

すなわち、給与の25%を蓄財し、

・給与の10%を自宅用の居住用財産の頭金のために←「マイホーム・ファンド」

・給与の10%を株式投資の資金として←「自分ファンド」

・給与の5%を子供の教育資金として←「子供の教育ファンド」

に、それぞれ蓄財します。

さきほどの質問に答えるとすると、「まず、住宅や教育費にお金をつかう」のではなく、「株式投資と並行して住宅や教育費を確保すべき」というのが、本多静六氏の投資法を踏まえての回答となります。

　なお、自宅用の居住用財産は頭金がたまったら、ローンで買えばいいでしょう。そのローンの支払額は、それまで払っていた家賃と同じか、それ以下にしておけば生活費の中から支払えます。

　本多静六氏は、「底値になった（株または）不動産に投資しなさい」といっています。自宅用の居住用財産を買うのも、原則として「底値になった不動産に投資」する感覚で、相場が安い時の中古の不動産を買うというのが理想です。

　2020年3月において「コロナショック」が発生しており、東京オリンピックも2021年の夏には終わります（中止になるという説も出ていますが）。

　ですから、2022年には不動産価格が底値圏になる可能性があります。その時が自宅用の居住用財産を買うチャンスです。

　また、2022年にはまだお金がたまっていないという人は、それからまた7年後か、遅くても12年後に買いのチャンスがやって来るでしょう。日本の不動産価格はおよそ7年または12年の周期で安くなっています。日本の不動産価格は2003年と2010年が底値（7年周期）で、2022年にも底値になるでしょう（12年周期）。ということは、次は2029年とか2034年にも買いのチャンスは巡ってくるのではないかと考えられます。

　それこそ、日本はこれからずっと低成長が続くでしょうから、株や不動産の価格は「ボックス圏相場」といって、安値と高値を行ったり来たりすることが予想されます（先ほどの質問 5 で述べたように、これまでの10年において、本田技研工業の株価がすでにそうなっていましたよね）。

　特に不動産価格は、日本経済が明らかにインフレになるか、よ

ほど大きな生産性革命でもない限りは、緩やかな右肩下がりのボックス圏相場になることが予想されます。総人口と生産年齢人口が減り続けるからです。ですから、7年とか12年といった長期のスパンで蓄財しておけば、不動産（自宅用の居住用財産）を底値で買うチャンスをつかむことができると予想できます。

なお、強いインフレになった場合には表面的な価格は上がりますが、実質的な購買力で計算し直せば、やはり安値と高値を行き来するはずです。

● 子供の学費（教育費）の積み立て

子供への「教育投資」は、実は株式投資よりも不動産投資よりも効率のよい、最高の投資です。ですから、悪い意味の「お受験パパ・ママ化」しない程度に適切な投資はぜひとも行ってください。

そのために、上で述べたように、給与の5％の蓄財をしましょう。

ただし、この給与の5％の蓄財を積立貯金やタンス貯金で行うのはオススメできません。この蓄財も、やはり株式投資で運用することをオススメします。子供が生まれた時から始めれば、その子供が大学に入るまでには少なくとも18年ありますから、かなり長期で腰を据えて運用することができます。

以上、10個の想定質問にお答えすることで、「なぜ株式投資が必要なのか」、そして「株式投資とはどういうものなのか」について語ってみました。

それでは第1講の最後に、株式投資の到達目標である運用資産総額と、株式投資の究極の目標について語っていきます。

1-3限 お金の諸問題の最後に
～目標の運用資産総額と株式投資の究極の目標～

1 老後の沙汰こそ金次第

「地獄の沙汰も金次第」という言葉がありますね。私は死んだこと
も、地獄に行ったこともありませんし、幸いにしてこの世でも、地獄
のような思いをして「お金さえあれば!」と思ったこともなく済んでい
ます。ですから、この言葉の真偽はわかりかねますが、しみじみ思
うのは、**「老後の沙汰こそ金次第」**ということです。

　私は株式投資に一家言あり、会計学を専攻して博士号を取って
いますから、いかにもお金にうるさく、「人生は、お金次第だ」と考
えているのではないかと思われる方もいらっしゃるかもしれません。
しかし、はっきりと申し上げますが、私はこれまで、「人生は、お金
次第だ」というのとは真逆の考えで生きてきました。

　若い頃からの私の信条は、青臭いかもしれませんが、「人生は、
夢次第だ」というものです。中学３年生の時の夢は「第一志望の
高校に合格して、青春をエンジョイすること」でしたし、高校２年
生の時の夢は「ホンダ　ホークⅡというバイクに乗ること」でした。
高校３年生の時の夢は、やはり「第一志望の大学に合格して、遊
びまくること」でしたし、大学２年生の時の夢は「大型自動二輪と
いうバイクの免許を取ってナナハンを乗り回すこと」。その次は、「フ

ェラーリに乗ること」。語れば長くなるので途中は飛ばして、イギリス時代の夢は「旧帝大の教授になること」でしたし、東北大学時代の夢は「東大の教授になること」でした。

最後の夢だけは叶いませんでしたが、夢を追う人生だったおかげで、竜宮城に居っぱなしの楽しい人生でした。今の夢は、「この本が皆さんに喜んでもらえて、ベストセラーになること」ですね（笑）。

● どんな大富豪でも、寿命が買えるとは限らない

すみません、個人的なことを書きすぎました。しかし、このようなわけで、「人生は、夢次第だ」「夢があるから人生は楽しい！」と思って生きてきましたし、人生にはお金ではなんともならないことがいっぱいある、いや、そっちのほうが多いとすら思っています。

人生において大切な要素は「夢」以外にも、「時間」「健康」「信用」「愛情や友情」「家族」「趣味」など、枚挙にいとまがありません。

「時間」は、ある程度はお金でも買えますが、それはタクシーに乗れば時間が節約できるとか、人を雇えば自分で作業をせずに済むから自分の時間が増えるとか、企業を買収すれば会社を育てる時間を買えるとか、そういった意味であって、「1日24時間」をお金で増やすことはできませんし、「寿命」を延ばすにも限界があります。

「寿命」というのは「健康」と関係します。「健康」と「信用」も、ある程度まではお金でも買えますが、これにも限界があります。「健康」がお金で買えるなら、かのアップル社の創業者スティーブ・ジョブズ氏が8,700億円もの個人資産を遺して56歳の若さで亡くなってしまうはずがありません。「信用」がお金で買えるということにも上

限があり、「信用の裏付けとしてのお金」の額までです。

● 老後だけはやっぱりお金がモノをいう

　というようなわけで、「人生は、お金次第だ」などとは微塵（みじん）も考えずに生きてきたのですが、これが「老後の沙汰」となると事態が急変しそうだと思うのです。

　前にも書きましたが、「老後」の定義は、「本業を全うした後の余生」です。ですから、老後には「仕事」がありません。逆にいえば、仕事をしているうちは老後ではない、ともいえます。

　老後においても、上に述べたような「時間」「健康」「信用」「愛情や友情」「家族」「趣味」などといった、お金では買えない大切な要素も、依然として大事です。しかし、本業からの収入が途絶えて、仕事もない。しかし、食費や生活費は確実に出ていくし、ゆくゆくは介護にもお金がかかる。老人ホームに入るのにもお金はかかるし、介護や老人ホームの質こそ、まさに「お金次第」。

　自分がまだ本格的な「老後」を迎えていないから勘違いしているだけなら幸いなのですが、このように考えていくと、**どうしても「老後の沙汰こそ金次第」と思えてしまうのです。**これまでの数年間で「老後本（老後に関する書籍）」を数十冊は読んできましたが、どの本にも「まずは、お金だよ」というようなことは書いてあっても、「お金はなくても心配無用！」と確信できるようなことは書いていませんでした。それっぽいことを書いている著者はいましたが、「お金がないなら、ないなりになんとかなるものだよ」という消極的なものばかりでした。

以上のようなわけで、人生最大のお金の問題は、やはり「老後の沙汰こそ金次第」ということではないかと、浅はかながら考えており、そのための最大の手段が株式投資であると確信しています。

2 老後には「守りの資産運用」を!

● 年金だってあてにならない

「お金本(お金に関する書籍)」を読むと、「老後には株式投資をしてはいけない」と書いてあるものを見かけます。株式投資にはリスクがつきものですから、「歳をとってから財産を失ってしまうのは避けるべき」というのが、老後には株式投資をしてはいけないことの主な根拠になっています。

しかし、私はその意見には賛成できかねます。

じゃあ、老後の生活費はどう賄っていくのですか。今の50代くらいまでの人であれば、最初のうちは年金もなんとかあてになるかもしれませんが、30年後はどうなっているかなんてわかりません。株式投資にリスクがあるのと同じく、長い目で見れば、年金をあてにすることも、かなりのリスクです。現在50代未満の若い人にいたっては言うに及ばず、です。

では、年金があてにならないならば、蓄えを切り崩すだけですか? それこそ「先細り」以外の何物でもないですね。

そこで重要になってくるのが、堅実な株式投資による資産運用です。本書で解説する株式投資の手法は、まさにこういったニーズにピッタリの「堅実な株式投資」による資産運用の手法です。

　本書で解説する株式投資の手法は、大儲けは狙いません。株式投資というと、「1回の投資で資産が2倍・3倍になるのは当たり前」と考えている人も多いようですが、そういった大儲けは狙いません。ハイリターンを狙うと、ハイリスクになるからです。

● 勉強も努力も必要。だから、老後の安心が得られる

　本書で解説する手法は、**年率の利回りで10％前後（税引き後）を継続して達成することを目標とする**というものです。それによって、7年で資産が2倍になります。これで充分ですし、これでもかなりのハイリターンだと思います。かなりのハイリターンのわりに、リスクを抑え込むことができるのは、「勉強」と「地道な努力」が伴うからです。

　「年率の利回りで10％前後（税引き後）を継続して達成することによって、7年で資産が2倍に」なるのですが、毎月いくらかを蓄財して、それを投資資金に充当していけば、資産はもっと大きく増殖します。

　300万円の資金で株式投資を開始したとして、「老後」を迎えるまでは、38ページで紹介した本多静六式蓄財法を実践して、たとえば毎月10万円の蓄財ができたとします。ここでは、10万円を全額、株式に投資すると仮定します。そして、年率の利回りで10％前後（税引き後）を継続して達成することができれば、10年後には資金総額は2,600万円を超え、20年後には9,000万円を超えます。「継続的な蓄財」は大きな力になります。「継続は力なり」です。そしてさらに、「継続的な運用による複利の力」を利かせることで、かくも強力な力を発揮するのです。

　45歳から始めたとしても、65歳までには資金総額は9,000万円

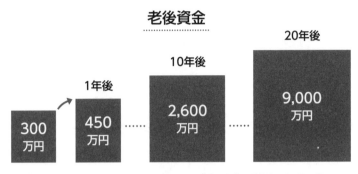

老後資金

1年後

300
万円

450
万円

10年後

2,600
万円

20年後

9,000
万円

300万円を年10%で運用し、毎年120万円ずつ追加していけば、
10年後に2,600万円、20年後には9,000万円に!

を超え、退職金を合わせれば、資金総額はめでたく1億円を超え
ます。これは「心強い老後の味方」です。これだけの資金力と、
「20年にわたる投資経験」があれば、老後の経済面は盤石です。

Column
2

退職金で株式投資をすることについて

「退職金デビュー」という言葉があります。それは、退職金というまと
まったお金をもらったことを機に、株式投資を始めることをいいます。
多くの「お金本」には、「退職金デビューは、やめましょう」と書いてあ
ります。それには私も賛成です。

すなわち、それまで株式投資をしたことがない人が、「退職金をもら
って資金に余裕ができ、老後のお金のことも心配だから、株式投資を
始める」というのは御法度だということです。

株式投資の初心者が、それまでに扱ったこともないような大金を株
式投資に注ぎ込むのは、まさに「無謀」でしかありません。しかし、先

ほど「退職金を合わせれば、資金総額はめでたく1億円を超えます」と述べたのは、もちろん、退職金を含めた資金総額1億円を、老後も堅実な株式投資で運用していくことを意図して書きました。退職金も有効な投資資金の一部を形成するのです。大事なことは、この場合には、「20年にわたる投資経験がある」ということが前提になっています。ですから、この場合は「退職金デビュー」ではありません。

そういう意味でも、株式投資は「できるだけ早い時期」から実践を開始しておくのがよいと思います。

3 目標の運用資産総額

結論を最初に述べます。**運用資産総額の目標は、やはり「1億円」です。また、理想的なのは「2億円」です。**

「1億円」というと、「そりゃ理想だけど、無理じゃね⁉」という声が聞こえてきそうですが、そんなことはありません。前の節の最後に述べたように、45歳から始めれば、65歳までには資金総額は退職金を合わせて「1億円」を超えることも充分可能だからです。

また、「理想」は「2億円」です。「1億円」は、あくまでも「現実的な」目標です。

● 資金総額が1億円あると、どんな世界が現実のものになるか

ではここで、資金総額が1億円あると、どんな世界が現実のものになるかについて述べていきましょう。「資金総額が1億円」というのは、もちろん「いいこと」なのですが、いいことばかりではなく、

「悪いこと」もあります。

まず、「いいこと」について。

65歳の時点で資金総額が1億円あるということは、それは同時に、「少なくとも20年またはそれ以上の株式投資経験があり、平均の利回りで（税引き後で）10％前後の運用をすることができる力を持っている」ということです。

「10％前後」の利回りを達成し続けることは難しいとしても、20年またはそれ以上の株式投資経験があるのですから、少なくとも税引き後で「7.5％」の運用はできるようになっているはずです。

配当の利回りが税引き後で「2.5％」あって、キャピタルゲイン（売買益）が税引き後の年率で「5％」あれば、「7.5％」になります。これは普通の人でも実現可能なものです（20年またはそれ以上の株式投資経験があって、資金総額が1億円あるというのは、もはや「普通の人」ではないかもしれませんが）。

さて、そうすると年間の運用益が税引き後で750万円あるということです。これなら年金なんてなくても充分生活できますね。さらにそれに加えて、年金が手取りで1世帯250万円あれば、老後なのに「手取りの年収が1,000万円」です。文句なし！

また、配当収入の250万円と年金収入の250万円の合計500万円で生活すれば、資金総額は年率5％の複利で増え続けていきます。キャピタルゲインの分は、資金増殖に寄与していくからです。65歳の時の1億円は、70歳で1億2,763万円、75歳で1億6,289万円に増えてしまいます（75歳で1億6,289万円って、もう、そんなにいらないですけどネ）。

資産1億円で老後も年収1,000万円

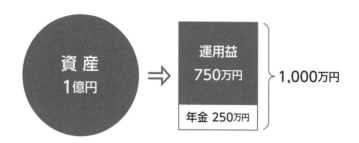

また、「資金総額が年率5％の複利で増え続けていく」ということは、毎年の配当収入の金額も、それと同じようなスピードで増えていくということです。65歳の時に受取配当額が250万円であれば、70歳で319万円、75歳で407万円に増えます。

これなら、年金が5年で5％ずつ減額されても困りませんね（配当収入と年金収入の合計額は概算で、65歳時には500万円、70歳時で約557万円、75歳時で約632万円に増えます）。

これと雰囲気だけが似ている話として、ふと頭をよぎるのが、「宝くじで6億円当たったら、どうしようかな論」ですが、それとこれとは全然違います。宝くじで高額当せんを引き当てるのは、天文学的な確率の低さですが、**20年かけて株式投資で資金総額を1億円にするのは、「地道に実践を続けさえすれば」、普通の人でも実現可能**なのですから。

● 資産が1億円を超えると「キモく」なる !?

さて次に、「悪いこと」について。

資金総額が1億円ある場合の、唯一にして最大の「悪いこと」

は、「前日と比べた1日の含み損益の振れ幅が大きくなりすぎること」です。つまり、株式投資資金の1日の変動額が「キモい」くらい大きくなるのです。

こう申し上げてもピンとこないかもしれないので、繰り返しになりますが、数字でお話しします。

実は、日経平均株価が前日比で±1％（たとえば、2020年10月2日の水準でいえば±230円）くらい上がったり下がったりすることは、あまり珍しいことではありません。たとえば、2020年の1月6日から2月21日までは日経平均株価が23,000円台で推移していました。この2020年1月6日から2月21日まででいうと、33営業日のうちの6営業日は日経平均株価が、終値ベースだけで見ても前日比で±1％以上動いています。そして、株価が±1％以上動くということは、資金総額が1億円あって、全額を投資している場合には、**1日で100万円以上動く**ということです。これって、普通の感覚からすると、かなりキモくないですか？

また、2020年の2月25日から3月13日までは、いわゆる「コロナショック」による大暴落（世界同時株安）が発生しました。（すでに上でも述べましたが）保有株の株価は、通常は日経平均株価の騰落に概ね連動しますので、以下でもそれを基礎にして説明します。

2月25日から3月13日までで、日経平均株価の下落率が大きい順に並べますと、1日で 6.1％、5.1％、4.4％の下落をしています。こういう暴落時に、資金総額1億円を全額投資している場合には、1日で610万円、510万円、440万円規模の含み損が発生するということです（これは、複利の効果を度外視した単純計算です）。

440万円〜610万円といえば、立派な大人の手取り年収くらいあ

ります。それが1日で吹き飛んでしまうのです。

　資産が減る時のことだけを例に挙げるのは適切ではないので、増える局面についても言及しておかなければなりませんね。

　日経平均株価が急騰する局面では、逆に、1日で何百万円もの含み益が発生することになります。しかし、経験的には、増える場合であっても、「立派な大人の手取り年収くらいが1日で増えてしまう」というのは、やはりキモいものであることに変わりはありません。

　資金総額が1億円ある場合の、唯一にして最大の「悪いこと」は、このように「1日の含み損益の振れ幅が、尋常ではないくらい大きくなること」です。

　ただ、これには救いもあります。こういった**膨大な含み損益の振れ幅が発生するのは、「急にそうなるわけではない」ということです**。資金総額の増殖とともに、含み損益も「徐々に」増大していくのです。ですから、これには**「慣れるしかない」**ですし、慣れます。したがって、耐えられないような大きなストレスが一気にかかってくることはありませんが、ふと俯瞰して考えてみた時には、（含み益にしても含み損にしても）「やっぱり、キモいな〜」と感じてしまうのは確かです。

● 理想はやはり、資金総額を「2億円」にすること

　株式投資をする究極的な目的は、「老後の安定を得ること」です。であれば、先ほど述べた「悪いこと」には慣れてしまって、「いいこと」を享受することにしたほうがいいと思います。

　そして、理想はやはり、資金総額を「2億円」にすることです。資金総額が2億円になると、「悪いこと」の規模も2倍になってしまいますが、それには慣れてしまって、「いいこと」を2倍で享受する

ことを目指したほうが、やっぱりいいと思うのです。

● 老後の理想的な生活に対する基本的な考え方

　私はいつも、老後の理想的な経済生活に関して、次に示す単純な計算式を想定しています。それは、

$$2億円 \times 3\% + 240万円 = 840万円$$

という算式です。

　この算式の中の「2億円」は資金総額です。「3%」は目標とする「手取りの配当利回り」です。配当利回りとは、株価に対してどのくらいの配当が支払われるかの率を指し、株価が1,000円で配当が30円なら、配当利回りは3.0%となります。

　「手取りの配当利回り」を3%にするためには、税込みの配当利回りを「3.75%」にする必要があります。配当には税金が2割ほどかかるからです。この「目標とする手取りの配当利回り」をいかにして実現するかについては、第2部の第5講「安全・確実に資産を増やす『パッシブ投資』」のところで詳しく解説します。

　そして、「240万円」は、標準的な年金の受取額（手取り額）です。

　この算式の右辺にある「840万円」は何を意味するかというと、「毎年つかうことができる生活費」です。

　次の第3講で「老後2,000万円問題」について詳しく述べますが、ここでは老夫婦2人の標準的な世帯の年間支出額についてだけ述べます。

　老夫婦2人の標準的な世帯の年間の支出額は「約320万円」だそうです。それと比べると、「840万円」というのは2.6倍以上で

資産が2億円あると……

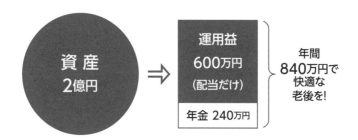

す。標準的な世帯の年間支出額で生活した上に、毎月43万円を
おこづかいとしてつかえる感じです。めちゃくちゃ贅沢な老後ですね。

　ここで、なぜ「840万円」を目標とするかというと、それは私自
身の経験に基づいて、統計的に割り出した「何不自由のない裕福
な老後の年間支出額」だからです。

　私は27年前にイギリスに留学した時からずっと、「超絶細かい家
計簿」をつけてきています。イギリス時代は、収入が少ないのに支
出ばかりがかさむ時代だったので、家計のやりくりのために家計簿
をつけ始めたのですが、最近ではなんのために「超絶細かい家計
簿」をつけているのかがわからなくなりました。

　しかし、せっかく細かいデータがあるのだから、ということで、あ
る時、自分の家計簿を基にして、「老後支出」というものを算出す
るようになったのです。

● 老後にいらなくなるお金は結構ある

　この「老後支出」というのは、「現在の支出」から「老後には
消失するであろう支出」を差し引いて求めます。

> 現在の支出 − 老後には消失するであろう支出
> ＝ 老後支出

　たとえば私の場合、名古屋の自宅以外に、青山学院大学に奉職するために東京にマンションを借りていますから、その家賃がかかりますし、東京−名古屋の交通費もかかっています。名古屋の自宅の住宅ローンもありますし、2020年の3月までは息子の学費や養育費もかかっていました。しかし、それらは老後には消失するであろう支出です（住宅ローンは退職時に一括決済するとします。金利が低いなどの理由で、退職時に一括決済しなければ、住宅ローンは老後も消失しない支出になります）。そういった支出を現在の支出から差し引いたものが「老後支出」です。

　そして、現在私は、経済的には何不自由なく暮らしています。その生活水準を落とさないままで老後を迎えたら、いくら必要なのかを割り出したところ、「840万円」となりました。このようにして、経験的に割り出した数値が「840万円」というわけです。

　読者の皆さんは薄々お感じでしょうが、年間の支出額が「840万円」というのは、相当好き放題に生活しているということです。しかもこの「840万円」には、住宅ローンまたは家賃は含まれていません。

　現役時代の人で、住宅ローンの支払いが月額20万円あるとしたら、この「840万円」に「20万円 × 12 ＝ 240万円」を加算した「1,080万円」が税引き後の可処分所得ですから、これがいかに裕福であるかはご想像がつくのではないでしょうか。

● お金をつかい切るのは意外と大変だ

「いやいや、俺は税引き後の可処分所得が1,080万円くらいあるけど、足りないくらいだよ」という人もいるかもしれませんが、それは住宅ローン（または家賃）の支払いが月額20万円どころか、もっとあるとか、お金に糸目をつけずに教育費を払っているとか、そういった状況だからでしょう。よほど生活水準を上げてしまっている人でなければ、支出額が「840万円」というのは、充分すぎるくらいの金額だと思います。

「お金は、あればあるだけつかいたい」「お金に困らないなら、いくらでもつかう自信がある」と多くの方が考えていらっしゃると思いますが、それは幻想的な錯覚です。普通の生活、ましてや老後の隠居生活をするのであれば、生活費は年間「840万円」もあれば充分すぎるくらいで、それ以上はつかい切れません。

この年間「840万円」のうちの年金以外の600万円を毎年生み出してくれるのが、「2億円」という資金総額です。ですから、「2億円」というのが理想の上限額です。

なお、「6,000万円のマンションを買ったら、いや、さらには4,000万円のフェラーリを買ったら、年間840万円では足りないじゃないか」とお感じになった方がいらっしゃるかもしれませんが、そもそも老後にはすでに「ローンのない自宅がある」という前提ですから、マンションを買う必要はありませんし、老後には4,000万円のフェラーリも乗らないでしょう。私は58歳でフェラーリを降りました。昨今のフェラーリは馬力と車幅が大きすぎて、老後には向きません。それでも「老後においてこそフェラーリに乗りたい！」という方

は、年間「840万円」以外にフェラーリ用の資金をご準備ください。

●「1億円」で充分な人も

また一方で、「いやいや、私は840万円もつかわないよ」という方も多いでしょう。皆様各位がこの算式に従って、ご自身の「老後支出」を算出していただいて、それがたとえば「540万円」で、年金の受け取り見込額が240万円あるとしたら、資金の必要総額は2億円ではなく、「1億円」です。

$$1億円 \times 3\% + 240万円 = 540万円$$

なお、この算式では「3%」という「手取りの配当利回り」分（＋年金収入）だけを生活費にして、老後を暮らしていくということになっていますから、年間のキャピタルゲイン（売買益）が度外視されています。ということは、実際にはどういうことが起こるのかというと、1億円または2億円の資金総額は、年間のキャピタルゲイン分だけ毎年増えていく、ということになるのです。

先ほども述べましたが、65歳の時の1億円は年率5%の複利で、70歳で1億2,763万円、75歳で1億6,289万円に増えてしまいます。65歳の時に2億円であれば、75歳になるよりも前に資金総額は3億円を突破します。

これを「盤石の老後」といわずしてなんでしょうか。

● お金を死ぬまでにつかい切ろうとするのは 「貧乏根性」でしかない

このような「盤石の老後」の態勢を築き上げてしまえば、「お金

はもう増えることはあっても、減ることはない」という夢のワンダーランドに到達します。

しかし、ふと考えてみると、たとえば上に述べたように、65歳の時に2億円あって、75歳になるよりも前に資金総額が3億円を突破したとしても、残念ながら75歳で死んでしまうとしたら、どうでしょう。

ここで「だったら、死ぬまでに3億円をつかい切ればよかった」と考える人がいます。私も以前は、同じようなことを考えていました。しかし、現実にまとまった金額の資金を持つようになってからは、考えが変わりました。誤解を恐れずに申し上げれば、私は「お金を死ぬまでにつかい切ろうとする」のを「貧乏根性でしかない」と今は思っています。

すなわち、死ぬ直前までお金持ちでいて初めて、本当のお金持ちだと思うのです。老いていくにしたがって、どんどんお金が減っていくのは、「お金持ちマインド」ではありません。「貧乏になっていくマインド」です。65歳の時に2億円あったとしても、90歳くらいになって、もしまだ元気だったとして、残っている資産がたとえば1,000万円を切ったとしたら、その時になって「貧乏マインド」になってしまうのです。せっかく65歳の時には「先行きの不安」がなかったのに、歳を取るごとに「先行きの不安」がまた徐々に舞い戻ってきてしまうのです。

ですから、**元本部分までつかってしまってはいけない**のです。

65歳の時に2億円あった場合、毎年840万円で何不自由なく生活することができているのです。それなのに、なぜ元本部分までつかおうとするのでしょうか。そんなことをしたら、「徐々に貧乏になっていく」のです。元本部分をつかってしまうと、毎年の配当収入（インカムゲイン）の額もジリ貧になっていきますから。

● 1億円を超えたら、不動産投資も検討してもいいかも しれません

　資金総額が1億円を超えると、「1日の変動額がキモいくらいに大きくなる」ので、1億円を超えた部分で不動産を買うのもいいかもしれません。

　私は、まだ不動産を買っていません。なぜなら、私は株式投資が得意なので、株式投資よりも不動産投資の利回りが低いからですが、コロナショックを経て、これから中古不動産の価格が安くなったら投資妙味が出てくるかもしれません（ただし、そんな時は株価も安いでしょうから、やはり株式投資のほうが、投資妙味があるかもしれませんが）。

　しかし、「分散投資」という観点からは、株式投資だけではなく、不動産投資にも資金を振り分けておくのは検討の余地があります。

　昔から「財産三分法」といって、「財産は、現金と株式と不動産に均等に分けておきなさい」といわれてきました。私流の（Prof.サカキ式の）「財産三分法」は「金地金と株式と不動産に均等に分けておきなさい」というものです。現金は100万円も持っておけば充分なので、あとの資産は「金地金と株式と不動産」で持っておくのが理想です。

● 「不動産投資はローンで」という考えは捨てましょう

　たとえば、株式による資金総額が1億3,000万円になった時に不動産価格が安ければ、1億3,000万円のうちの3,000万円を不動産投資に振り向けてもいいかもしれません。そうすると、資金総額は1億円になりますが、株式投資でたとえば年率8％の利回りで運用を続ければ、3年後には資金総額は1億2,600万円になりますか

ら、またこの時点で2,600万円を不動産投資に振り向けます。

　不動産投資が嫌いでなければ、このようにして不動産に資金を振り分けるのもよいでしょう。

　不動産投資をする際には、ローンを組むのが当たり前のように思われていますが、考えを改めてください。 不動産投資は全額現金で行いましょう。いや、百歩譲っても、投資総額の半分以上は現金を投入し、ローンを組むのは半分以下にしましょう。

　一方で、自宅用の居住用財産を買う場合は、頭金は1割くらいでもいいでしょう。自分が住むので、支払いの延滞や空室リスクがありませんし、金利も今ならすごく低い利率の固定金利で借りられるからです。

　しかし、不動産投資（投資用不動産）のための借入は、金利も高いですし、ほとんどのケースで固定金利が適用されません。一般の個人投資家は、多くの方がこの借入に対する資金繰りの悪化で、不動産投資に失敗しています。支払いの延滞や空室リスクによってローンが支払えなくなるのです。

　ですから、**不動産投資をするのであれば、その資金は「株式投資の資金の余剰分」を用いて、原則的に全額現金で行いましょう。**

Column
❸

株式投資を始めるにあたり
「できるだけ早い時期」とはいつか?

　株式投資は「できるだけ早い時期」から実践を開始しておくのがよいと述べましたが、私は「子供に対するファイナンシャル教育（お金の教育）」には反対です。子供に対してファイナンシャル教育をしてしまう

と、よほど上手にやらない限り、子供が「世の中お金がすべてなのかな」と勘違いしてしまうリスクがあるからです。子供というのは、普通は判断力が未熟ですし、世の中のことも知りません。また、子供に対してファイナンシャル教育をする親も、教育のプロではないので、よりリスクが高いと思うのです。

子供は「よく遊び、よく学び」が一番です。友達とよく遊んで、よく運動もして、学校の勉強をしっかりする。これに限ります。

では、株式投資を始めるにあたり「できるだけ早い時期」とはいつかというと、**「働き始めて３年目くらいから」**という感じです。大卒の人だと25歳くらいからです（高卒の人だと21歳くらいから、修士卒の人だと27歳くらいからですね）。

自分で働き始めれば、お金のありがたみもわかるようになります。そして、働き始めて３年くらい経てば、仕事にも慣れて余裕が出てきますし、投資資金も少しはたまるでしょう。

4　株式投資の究極の目標

「株式投資の目標はなんでしょう？」という問いに対する答えを３種類書いてみます。「ダメな目標」と「普通の目標」と「究極の目標」です。「３匹の子豚」の物語風にいえば「藁の目標」と「木の目標」と「煉瓦の目標」ですね。

●「ダメな目標」── 儲かった分だけ欲しいものを買うぞ！

「ダメな目標」は、「アルマーニのスーツを買うぞ！」です。「アルマ

ーニのスーツ」ではなくても「ロレックスの時計」でも「海外旅行」でも同じです。つまり、「目先の欲しいもの」を買うために株式投資で儲けたい、という最もありがちな、しかし、最もダメな目標です。なぜダメなのかというと、それでは「財産形成ができないから」です。

　100万円で株式投資を始めて、うまくいって、3年で130万円に増やすことができました。儲けた30万円で「アルマーニのスーツ」を買いました。残りの100万円をまた株式投資で、3年で130万円に増やすことができました。儲けた30万円で「ロレックスの時計」を買いました。残りの100万円を株式投資で、3年で130万円に増やすことができました。儲けた30万円で「ハワイに海外旅行」に行きました。残りのお金は100万円です……。

　これでは、いつまで経ってもお金は100万円です。たしかに高級なスーツや高級時計は手もとに残りますし、ハワイ旅行の想い出も残りますが、資金総額はいつまで経っても100万円のままです。だから「ダメな目標」なのです。

● 「普通の目標」──老後に備えてお金をためるぞ！

　「普通の目標」は、「老後のため」です。これは正解ですが、強いていえば「普通」です。「普通は、それでしょ」という意味でも「普通」です。

　たとえば300万円の資金で株式投資を開始したとして、「老後」を迎えるまで、前に紹介した本多静六式蓄財法を実践します。たとえば毎月10万円の蓄財をして、年率の利回りで10％前後（税引き後）を継続して達成することができれば、10年後には資金総額は2,600万円を超え、20年後には9,000万円を超えます。

このように、株式投資の「普通の目標」は、「老後のため」であり、これは正解です。本書はそのためにあるといっても過言ではありません。

では、「究極の目標」とはなんでしょうか。

●「究極の目標」──いつでもお金を増やせる能力を
　　　　　　身につけるぞ！

株式投資をする究極の目標は、「一定の運用利回りを安定して実現できる能力を身につけること」です！　これがあれば、一生安泰なのです！

65歳で1億円持っていても、運用能力がまったくなければ、毎年500万円（＋年金収入）をつかっていくと、20年でゼロです。

しかし、65歳で1億円持っていて、税引き後で年率5％の運用能力があれば、毎年500万円（＋年金収入）をつかっていっても、資金総額は未来永劫1億円のままです。ですから、未来永劫（ボケてしまって運用ができなくなるまで）毎年500万円（＋年金収入）をつかって生きていけます。

さらには、65歳で1億円持っていて、税引き後で年率5％「以上」の運用能力があれば、毎年500万円（＋年金収入）をつかっていっても、資金総額は未来永劫増え続けるのです。

まとめます。
同じように65歳で1億円持っていて、毎年500万円（＋年金収入）をつかっていくとします。

・運用能力がゼロだと
　—20年で資金がゼロになる。

・運用能力が年率5％
　—資金総額は未来永劫1億円のまま。

・運用能力が年率5％以上
　—資金総額は未来永劫増え続ける。

　この違いは、超絶デッカいのです。

　繰り返します。**株式投資をする究極の目標は、「一定の運用利回りを安定して実現できる能力を身につけること」**です。

　本書で、「運用能力が年率5％以上」のノウハウを余すところなくお伝えします。

　あとは実践で訓練して身につけてください。10年も実践し続ければ「身につきます」。

　そして、20年くらい実践し続ければ「資金総額1億円も実現可能な視野に入ってきます」。

　20年後からは、「資金総額は未来永劫増え続ける」という、夢のワンダーランドの住人として、安心で豊かな老後を過ごせます。

● お金の心配をせず「ぬくぬくと」暮らすために

　「この本がベストセラーになること」以外の、私の「今のマジな夢」について、ここで少しだけお話しさせてください。

　それは、「おれの庇護の下で、ぬくぬくと暮らすこと」です。

私の亡き父は、（開業医ならぬ）開業税理士でした。その父親と優しい母親のもとで、私は幸い、子供の頃から何不自由なく育ててもらうことができました。特に、小学生から高校生までは、なぁんにも考えなくても、幸せに暮らせました。

　私の今のマジな夢は、その当時のように、「親の庇護の下で、ぬくぬくと暮らすこと」ですが、残念ながら両親は他界していますので、「親の庇護の下で」はもう無理です。そこで、次善の策として「おれの庇護の下で」としたのです。この「おれの庇護の下で」というのは、別言すれば、「私の資産運用能力の庇護下で」ということになります。

> ### 「2億円」と「税引き後で8%の運用利回りを
> ### 安定して実現すること」

　これによって私は「おれの庇護の下で、ぬくぬくと暮らすこと」ができるのです。それが今の私にとっての「夢」です。

　あまたある「株本（株のことを書いてある本）」を読んでみますと、よくあるのが、「私はこうして1億円を儲けました！」的なものです。この手の本は、過去の武勇伝であり、再現性がありません。その点において本書は、それとは違います。「未来の夢と目標」を語って、「再現性がある方法論」を伝授していくための本です。

　皆さんも、少なくとも、

> ### 「1億円」と「税引き後で5%以上の運用利回りを
> ### 安定して実現すること」

を達成してください。夢に向かって、ご一緒に頑張りましょう！

　そのための具体的な株式投資の方法論を、第2部で詳しく解説します。

● この5年で一気に「副業」の気運が高まった

　その前に、この第1部では次の第2講で、「先立つもの（資金）」を捻出するための具体的手段としての「副業」について、実践的な考え方をお伝えして参ります。

　私は2015年7月に上梓した『お金持ちになるための本』（PHP研究所）で、初めて副業について触れました。当時は、まだ時代が古かったといいましょうか、「副業」は現在ほど脚光を浴びていませんでした。しかし、2015年12月に電通社員の高橋まつりさんが過労自殺されたことに端を発して、働き方を見直す動きが徐々に強まっていきました。そして2019年には「働き方改革」という旗印の下、「副業」が解禁される風潮になってきました。

　そこで、ここで再度、「副業」について考えていこうというのが第2講の狙いであり、さらに具体的な狙いは、**「副業」で得た資金を株式投資の資金にしよう**ということです。

　「副業」を始めるにあたっては、「コロナで給料が下がったから」とか「コロナで時間が余ったから」とか、そういう消極的な理由からではなく、「副業で稼いだお金で株式投資による資産運用をして、豊かな老後を創り出すんだ！」という将来志向の前向きな理由で始めていただきたいと思います。

　では第2講で、「副業」について考えていきましょう。

第2講

副業に関する考え方

・お金を増やすためには「再投資」が必要

・「本業」は大事。そう簡単に会社を辞めてはならない

・それに加えて「副業」も必要な時代に

②-①限 お金持ちになる方法はサイドビジネスと投資

1 お金を増やすための「3つの方法」

お金持ちになるための方法は、次の3つです。

> お金持ちになる方法
>
> その1. 年収（フロー）を高くする
>
> その2. 稼いだ分をすべてつかっちゃうという支出
> 構造から脱却する
>
> その3. 投資で資産（ストック）を増殖させる

まず、その1の「年収（フロー）を高くする」ためには、色々なことが考えられますが、最も現実的なのは**「サイドビジネスを立ち上げる」**ことです。

年収を上げるために、残業をしたり、何かの役職をかって出て、役職手当をもらったりしても、増える収入は月にせいぜい1万円とか3万円とかでしょう。もちろん、月に1万円とか3万円でもバカにはならないですし、ないよりはあったほうが心強いです。しかし、今

や、インターネットが普及しきっているのですから、それをつかって
なんらかのビジネスを展開したほうが、より効率的かつ画期的に収
入が増える可能性が高いと思うのです。

　そして、このサイドビジネスが「追加的な収入（フロー）」を生
み、そのフローを投資に回すことで、フローをストック化させます。
サイドビジネスで株式投資の原資を生み出すわけですね。その上
で、株式投資によってストックを増やすのです。

　サイドビジネスが生み出したフローは決してつかってしまわない
ことです。これが、お金持ちになるための方法の「その2」です。
「稼いだ分をすべてつかっちゃう」のではなく、生活費は本業で得
た所得の範囲で賄います。サイドビジネスを始めて、それが軌道に
乗って利益が生まれてきても、それには決して手を付けない（生活
費としてはつかわない）で、すべて株式投資に回すのです。
「頑張って余分に稼いだ分だけ、贅沢な生活をしたい」という発
想は、「本業」だけに当てはめます。サイドビジネスでも稼ぐけど、
本業のほうもどんどん頑張る。そして、本業で稼いだ分で、できるだ
けリッチな生活をして、サイドビジネスで稼いだ分は利殖に回すわ
けですね。

2　重要なのは「再投資」の発想

　株式投資で重要なことは、**投資で得た利益は株式に再投資しな
ければならない**ということです。

　これまでにも述べてきたように、株式投資において、投資で得ら

れた利益を再投資するか、つかってしまうかでは、長い目で見ると大きな差が出ます。それが「複利の力」の効果です。

でも、せっかく株で儲かったのであれば、やはりそれをつかって贅沢をしたい気持ちもわかります。そこでその対策として、たとえば、「1回の取引で20％以上の利益があった場合には、20％を超えた部分は、ご褒美としてつかってしまってもよい」というようなルールを設けておくのです。つまり、たとえば、1回の取引で500万円の株が650万円になったとしたら、売って得た150万円の利益のうちの50万円で高級腕時計などを買うのは、ご褒美としてOKとしよう、といった感じです。

さて、ここで以上の内容をまとめておきましょう。

〈 ま と め 〉

鉄則1. 本業の所得の範囲内で生活する。

鉄則2. 副業（サイドビジネス）を立ち上げ、その所得は株式投資に回す。

鉄則3. 株式投資で稼いだお金は決してつかわずに、再投資して複利で増殖させる。

この3つの鉄則を守りさえすれば、お金は自然とたまっていきます。

Column ④

「貧乏父さん」から「金持ち父さん」に
華麗なる転身を遂げたお話

．．．．．．．．．．．．．．．．．．．．．．．．．．．．．．．．．．．．

　2000年頃に日本でもミリオンセラーとなった『金持ち父さん　貧乏父さん』(ロバート・キヨサキ著、筑摩書房) という本があります。現在も、同書のリミックス版が出ており、書店でよく見かけます。私の経験と絡めながら、「金持ち父さん　貧乏父さん」というお話をさせてください。

　上掲書では、「貧乏父さん」というのはロバート・キヨサキ氏の実の父親です。シカゴ大学でPhD (博士号) を取得し、ハワイ州の教育局の局長にまで出世した方のようです。そして、年収は1,000万円くらいあって、豪華な家と高級な車を持っていて、暮らし向きも上々だったようです。しかし、収入と同じくらいの金額を支出してしまっていたため、月末には資金繰りが厳しく、なんといっても「収入−支出」から生み出される「ストックとしての資産」はゼロなので、「PhD (博士号)、教育局の局長、年収1,000万円、豪華な家と高級な車を所有」でも、「貧乏父さん」だというのです。

　私は、英国のレディング大学でPhD (博士号) を取得し、東北大学の教授にまでなることができました。当時の年収は1,000万円くらいあって、一戸建ての家と高級な車 (フェラーリF355) を持っていて、暮らし向きも上々でした。しかし、収入と同じくらいの金額を支出してしまっていたため、月末には資金繰りが厳しく、なんといっても「収入−支出」から生み出される「ストックとしての資産」はほんのわずかでした。そんな生活が2004年まで続きました。2004年までの私こそが、

「PhD(博士号)、東北大学教授、年収1,000万円、一戸建ての家とフェラーリを所有」という、日本版の「ザ!貧乏父さん」だったのです!

　「お金持ちそうに見える人」と「お金持ちの人」は、違うのです。「お金持ちそうに見える人」でも、「収入-支出」から生み出される「ストックとしての資産」が少なければ「貧乏父さん」なのです。**「高収入=お金持ち」ではない!**のです。もちろん、**「高級外車=お金持ち」でもない!**のです。

　さて、ロバート・キヨサキ氏の友人の父親が「金持ち父さん」です。ビジネスと不動産を所有していて、潤沢なキャッシュフローがあり、「収入-支出」から生み出される「ストックとしての資産」がふんだんにあります。そして、その資産をビジネスや不動産に再投資していくので、ストックとしての資産がさらに増えていくという人生です。

　「ビジネス、不動産投資、潤沢なストックとしての資産」。これが「お金持ちの方程式」です。

　私は東北大学から青山学院大学に自ら志願して転任し、1年かけて準備をして、2005年4月にサイドビジネスを立ち上げました(私のサイドビジネスは、本書の第2部でもご紹介する「株式投資の情報配信業務」です)。相変わらず、大学からの年収はすべてつかって優雅に暮らしてきましたが、それでもサイドビジネスからの収入は、きっちり株式投資に回しました。それが時間をかけて増えていきました。

　「サイドビジネス、株式投資、潤沢なストックとしての資産」。これが私の「ザ!貧乏父さんが金持ち父さんに転身できた黄金の方程式」です。

本業を頑張るのは当たり前です。また今どきは、サイドビジネスも当たり前です。そして、サイドビジネスで得た資金を元手に株式投資で、複利で資産を増やすのです。それが「金持ち父さん」になるための方程式です。

　お金持ちかどうかは「年収の額」ではなく、「年収 − 年間の支出」の額で決まるのです。そして、**「お金持ち＝お金を持ち続けている人」**なのです。

②-② 限
サイドビジネスについて

1 本業を大事にしながら、サイドビジネスを立ち上げる

　株式投資で資産を増やそうにも、「元手」がなければお話になりません。その「元手」を捻出するのがサイドビジネスです。

　「サイドビジネスを立ち上げる」と一言でいっても、そのノウハウや、サイドビジネスの立ち上げに関する事例は多岐にわたります。「サイドビジネスを立ち上げる」ということだけを主題にして1冊の本が書けてしまいそうですが、それをここでは簡潔にまとめてしまおうと思います。

● 本業だけで稼げる人はごく一部

　時代はどんどんと変わっています。**今や、自分の勤め先だけに滅私奉公していればいいという時代は終わっています（「オワコン」です）。**自分で自分に力をつけて、2つか3つの仕事をこなすくらいがちょうどいいのです。本業と副業（サイドビジネス）と株式投資という3つの側面を持っているくらいがちょうどいいのです。

　また、「株式投資」というのも、「副業」です。しかも、この副業には定年がありませんし、イヤな上司やウザいクレーマーもいません。気楽な「独り副業」です。

ただし、もちろん、本業を頑張るだけで2,000万円も3,000万円も稼げる見込みがあるのであれば、サイドビジネスをするのはやめておいて、本業だけを頑張るべきです。

　私が卒業した高校は進学校で、その理系クラスに所属していたため（私は現役で文転して経済学部に進学しましたが）、高校時代の友達には医師が多いです。中でも、成功した開業医は、本業だけで数千万円の年収を稼いでいます。そういう人は、そのまま本業で突っ走っていったほうがいいのです（ちなみに、そういう人は、資産が2億円か3億円たまったら、「いかに忙しさから解放されるか」、すなわち「お金より時間」に興味の中心がシフトしています。資産は、「2億円か3億円あれば充分」ということなのです）。

　しかし、普通の人は、本業だけではそんなに稼げません。手取りの年収は多くても1,000万円くらいでしょうし、昨今の日本の平均年収は税込みで400万円ちょっとのようです。もちろん、本業でもできるだけ出世して、1,000万円近い年収を稼ぐことができれば、そして、年間の生活費を500万円くらいに抑えることができれば、（1,000万円 － 500万円で）「ストックとしての資産」を毎年500万円くらい蓄積できますので、それだけでも「お金持ちへの道」に乗ることができます。ですから、本業も、決しておろそかにしてはいけないのです。

　その上で、たとえば本業からは当面は手取りで500万円くらいが限界かな、という状況であっても、それはそれとして、じっくりと出世することを狙いつつ、サイドビジネスを立ち上げることを検討すべきでしょう。よくある「週末起業」でもいいと思います。

● 独立はまったくオススメできません

　なお、会社員を辞めてしまって、独立するなんていう無謀なことは、まったくオススメしません。会社員は、比較的安定した給与所得者です。サイドビジネスというのは、不安定な事業所得者（または、法人事業者）です。いくらサイドビジネスを検討するからといっても、サイドビジネスはあくまで「サイドの」ビジネスです。比較的安定した収入源を得られる給与所得者である会社員は辞めるべきではありません。

　会社員で兼業禁止の方や、公務員の方は、サイドビジネスはできないかもしれませんが、配偶者か家族を代表者にした法人を立ち上げて、そこに「無給の参与」というかたちで参画するという手段もあるかもしれません。もちろん、禁止されているものを無理矢理やるのはオススメできませんし、本業を手抜きするようでは話になりません。やるなら、サイドビジネスの準備を周到に根回ししておいてから、兼業禁止ではない職場に転職するというやり方もあります。

　現状に満足しているのであれば、何もしなくてもいいでしょうけれども、本書をお読みになっている方は、現状に満足していないからこそ本書を手に取られたのでしょう。であれば、行動を起こすべきです。無謀な賭けに出るのではなく、**人生の方向性を「お金持ちになれる方向」に周到にシフトする**のです。

2 サイドビジネスを立ち上げるといっても、何をやればいいのか？

　では、サイドビジネスを立ち上げるとして、「何をやればいいのか？」ですが、これは十人十色なので、「これがいい！」というよう

なことを一概にはいえません。そんな中でも、サイドビジネスを立ち上げる場合に、何をやればいいのかに関する「指針」のようなものはお話しできます。

● 成功するサイドビジネス、3つの指針

成功して、長続きするサイドビジネスとして、何をやればいいのかということに関する指針は、次のとおりです。これらの指針をすべて満たしたものである必要があります。

> 成功するサイドビジネスの指針
>
> 指針1. 本業との関連性があって、自分の経験や知識が生かせる
>
> 指針2. 自分が好きなことや、得意なことから選ぶ
>
> 指針3. その中で、自分だけが笑顔になることではなく、皆さんが笑顔になることをやる

まず、「指針1」について。何かをビジネスにする以上は、普通の人よりも優位性のあることでなければ、代金を支払ってもらえません。そのためには、本業との関連性があって、自分の経験や知識が生かせることから選ぶのが定石です。

「指針2」については、これを重要な指針としたのは、自分が好きなことや得意なことから選んでおかないと長続きしないし、やり甲斐も見失ってしまうからです。「人はパンのためだけに働くにあらず」

ですから、お金のためだけや、食べていくためだけに仕事をするのでは、うまくいくものもうまくいきません。本業というのは、「生活していくために仕方なくやっている」という面も大なり小なりあると思います。ですから、副業においてまで「仕方なくやっている」というメンタリティになるのは避けたほうがいいのです。

それに、やはりここでも、ビジネスである以上は、普通の人よりも優位性のあることでなければ、代金を支払ってもらえませんので、そのためには、好きで得意なことから選択するのが好都合なのです。

そして、「指針3」についてですが、「自分が好きなことや、得意なことから選ぶ」とはいっても自分だけが笑顔になることではなく、皆さんが笑顔になることをやらなければ、代金を支払ってもらえません。自分が笑顔になるのは、最後なのです。自分の仕事で、皆さんが笑顔になって、それを見ることで自分も笑顔になる。それだったらOKなのですが、自分だけが楽しかったり嬉しかったりすることをやっても、商売にはなりません。

たとえば、私はフェラーリが大好きなのですが、自分がフェラーリを乗り回していても、自分が笑顔になるだけで誰の笑顔も生みませんから、ビジネスにはなりません。清水草一氏ほどフェラーリに特化したモータージャーナリストにでもなってしまえば、生業(なりわい)も立つのでしょうけれども、普通はフェラーリを乗り回していてもビジネスにはなりません（ちなみに、清水草一氏はフェラーリに関するおもしろおかしい文章を書くことで、読者を笑顔にしているから成立しているのだと思います）。

一方、これが一転して、「中古車だけど、状態のいいフェラーリを日本一安く売る店」というのであればビジネスとして成立するでし

ょう。状態のいいフェラーリを日本一安く買えたお客さんは笑顔になるからです。好きなフェラーリを扱いながら、お客さんの笑顔を追求するというのであれば、サイドビジネスとして成立するでしょう。

　いうまでもありませんが、自分だけが儲かればいいのだというような考え方のビジネスは成立しないか、成立しても寿命は短いでしょう。

　さて、皆さんにとって、上の3つの指針を満たすようなビジネスはなんですか?

　なお、商品を売るのは、「ヤフオク!」（ヤフーが主催するネットオークションサイト）や「メルカリ」でもいいですし、楽天市場のようなところに出店してもいいのではないでしょうか（私は、楽天市場に出店したことはないので、楽天市場への出店に関する詳細はわかりかねますが）。

　さてここでいったん、この本を横に置いて考えてみてください。ご自身にとって、どんなことがサイドビジネスとしてうまくいきそうなのか、を。
　お手元の本は逃げませんから、そっと本を置いて、一度じっくり考えてみてください。

　続きはそれからお読みいただければよいと思います。

● 目標は「大胆に」掲げてみましょう

ここまでのところを総括します。

総括1. 本業はおろそかにしない

総括2. 副業を立ち上げる

総括3. 副業の分の所得は、投資に回す

そして、**5年後の目標を大胆に掲げてみましょう。**

目標1. 本業で手取り年収1,000万円を稼ぐようになる

目標2. 副業でも手取り年収1,000万円を稼ぐようになる

目標3. 副業の所得を投資に回した資産残高だけで5,000
万円を超す

　こうすれば、本業と副業の手取り年収がこれ以上増えなくても、さらに5年後（計10年後）には資産残高は1億円を超えます。本業で稼いだ範囲内で生活費を賄えば、副業の分の所得の5年分で、元本だけでも5年間で5,000万円になりますから、運用益を度外視しても、資産残高は1億円を超えるというわけです。

　そして、10年後までに「安定的に少なくとも5％以上の運用益を得るスキル」を身につけます（「安定的に少なくとも5％以上の運用益を得るスキル」の身につけ方については、本書の第2部で解説します）。

こうして、資産残高（1億円）に対して税引き後で少なくとも5％の運用益を達成すれば、資産からの所得も500万円以上になりますので、本業と副業と資産運用の所得を合算すれば「資産1億円以上、かつ、手取りの年収が2,500万円以上」の「富裕層」に到達します。

　こんなにはうまくいかないよ、ということで、5年後が10年後になり、10年後が15年後になったとしても、いいじゃないですか。15年後には、理想の富裕層の生活が待っています。

　要は、**これを「真剣に目指す」か、「できっこない」といって目指さないか、だけにかかっているのです。**

　目指してもできないということも、世の中にはたくさんありますが、「できっこない」といって最初から目指さなかったら、絶対にできません。しかも、「目指してもできないということもありますが」と書きましたが、それは途中で諦めるからであって、諦めずにずっと精進していけば、10年〜20年後には、かなり高い確率で理想状態に到達するでしょう。

● **なんらかの「投資」を手がけなければ、お金持ちにはなれない**

　それでは次に、「投資」について解説していきます。
　「投資」といった場合には、正確には3つの種類があります。

> 1. 事業への投資
> 2. 不動産投資
> 3. 株式投資

お金持ちは、この3つの投資のうち1つから3つを手がけています。お金持ちになった人で、この3つの投資のいずれも手がけたことがないという人は、たぶん皆無でしょう（少なくとも、私の知る多くのお金持ちのうちでは皆無です）。この3つのうちのいずれか1つは手がけなければお金持ちにはなれない、ということです。

さて、3つの投資のうち1つ目の「事業への投資」というのは、なんらかの事業に直接いくらかのお金を投じることを指します。ベンチャー・キャピタリストがベンチャー企業に投資する、といったようなものが典型的な例です。しかし、私は、この「事業への投資」をしたことがありませんので、本書では取り扱いません。

● **不動産投資は「増やすより維持」に向いている**

2つ目の「不動産投資」ですが、不動産投資の特質を先に書きます。

> **不動産投資の特質**
>
> ・不動産は、株式に比べると流動性が低い
>
> ・不動産投資は、資産の増殖にはあまり向いておらず、資産の維持に向いている
>
> ・不動産は、株式に比べるとどうしても管理運営に手間がかかる

これらの特質について、以下で少し説明します。

不動産というのは、株式に比べれば流動性が低いという特徴が
あります。東京の都心等の物件といったような一部の例外はありま
すが、売買には最低でも2〜3週間から長い場合は数カ月という時
間を要します。また、売買にかかわる手数料や税金もかなりかかっ
てしまいます。そしてなんといっても、株式に比べれば価格の動きも
緩やかなため、1年以内の短期売買で成功するケースはかなり稀
で、通常は、売買で成功するためには短いものでも5年以上、長
いものは10年以上で1回転というものもザラにあります。ですから、
株式投資に比べると、不動産投資は10年くらいである程度のお金
持ちになるには適性が低いといえます。このようなわけで、**不動産
投資は、資産の増殖にはあまり向いておらず、資産の維持に向
いている**のです。

　前述したように、株式投資で資産を増やし、ある程度の資産が
積み上がったら（たとえば資産残高が1億円を超えたら）、徐々に
不動産にも資金を配分していくといった戦略がいいと考えられます。

　そして何より、「不動産投資」というのは、不動産物件を賃貸に
供することが前提になりますので、「投資」であると同時に「不動産
『経営』」でもあります。したがって、どうしても手間がかかります。
不動産投資に関連する書籍を読みますと、その多くは、数年で数
億円の資産を築きました的なこととか、儲かりますよ的なことが書い
てあったりしますが、どうしても手間がかかりますよ、ということが書
いてある本は少数派です。しかも、手間がかかることが書いてある
本でも、その本の著者が「不動産好き」であることがほとんどで、
手間がかかることを楽しんでやってのけていますというようなことが
書いてあるのです。しかし、**普通の素人からしてみれば、不動産**

経営は、かなり手間がかかり、長続きしにくいことであるというのを見過ごしてはいけないと思うのです。

　このようなことから、本書では、「投資」としては不動産投資ではなく、3つ目の「株式投資」に重点を置いて、第2部で詳しく解説していきます。

Column
⑤

「金地金」について

● これからは貯金ではなく「貯『金』」?

　テレビ番組などで、会社員の方に「ボーナスのつかい道は?」というインタビューをすると、一番多い答えが「貯金します」です。でも、これからはぜひ、「貯『金』」をしてください。つまり、貯金代わりに、「金地金をコツコツ買いためておく」のです。

　金地金を購入する財源は、定期預金でもいいですし、株の売却益でもいいです。また、株の配当も格好の財源です。会社員で、夏と冬にボーナスが支給される方は、それも有力な財源です。次回のボーナス時期以降、ボーナスと株の配当を財源にして、半年に一度ずつ金地金を買っていくのです。

　1回に買う金地金は200グラムが適切です。2020年9月4日の時価で、約146万円です。1回に買う量は、あまり少なくても財産性がないので、このくらいを理想とします。1年に2回買うとすると、1年で400グラム、5年で2キログラムになります。今の時価で計算すると、約1,460万円。これだけでも一家で2〜3年は暮らせるでしょう。

金を買うべき理由は、強い「インフレ対抗力」を発揮してくれるからです。今後の日本ではインフレが起こることが予想されますが、インフレが起こると、定期預金のような通常の「貯金」は、実質的な価値が目減りしていきます。万一、国家財政が破綻しそうになってハイパーインフレが起これば、実質的価値は10分の1どころか、100分の1以下になる可能性もあります。1,500万円の貯金の価値が、実質的には10万円か15万円くらいになってしまうのです。

　それに対して、同じく1,500万円くらいの財産を「貯『金』」で保有しておけば、その価値は維持・保存されます。そのお金で2〜3年しのぐことができれば、その後の態勢を整えることができるはずです。

　国家財政が本格的に危なくなってからでは、金地金は買えなくなるでしょう。猛烈に高くなってしまうか、国家の統制が入って、購入禁止になるでしょう。ですから、今からコツコツと買っておくのです。

　なお、実際に、2020年の4月頃には、新型コロナのせいで、密を避けて不要不急の外出を避けるためにという理由で、金地金の売買が一時的に停止になりました。その後ほどなくして、「生活資金に困って金地金を売りたくても売れないのでは困る」ということに対応して、金地金を売ることだけはできるようになりました。このように緊急時には、金地金を買えなくなることが予想されます。

● 価格も金利も関係ない。持っていることに意味がある

　ちなみに金の価格は2019年の夏以降、コロナショックにかけて価格が急騰しています。しかし、ここで強調しておきたいのは、金を買うのは「価格が上がることを期待して買っておくという『投資』」ではなく、身を守るための「貯『金』」だということです。ですから、多少の価

格の上下は無視して、保有し続けます。

　金地金は「お守り」のようなものです。お守りを持っていることが大事なのであり、売るとか損得とかは関係ありません。あなたは、伊勢神宮や京都の八坂神社で買ってきた「効果が抜群のお守り」を、値段が買い値より多少上がったからといって、売りますか？

　また、「お守り」がいらなくなった時が来たとして、そして、その時に売ったらいくらか損をしたとして、そのことで「お守り」を買ったことを後悔しますか？

　そもそも、お守りがいらなくなったということは、地獄のハイパーインフレが来なかったということ。メデタシ、メデタシではないでしょうか。

　よく耳にする意見として「金地金には金利がつかないからイマイチだよね」というものがあります。そういう考え方が一般的なので、たしかに金価格の相場はアメリカの長期金利と逆相関したりします。しかし、この意見には、私は同意しかねます。

　本質的には、「利子率（＝金利の率）」というのは「インフレ率」に比例します。1年間に経済が1％成長して、GDPが100から101になったとします。それは1％のインフレになったということでもありますし、それに呼応するように「利子率」も1％になるのです。

　このようなわけで、ザックリとしたいい方をすれば「100＋インフレ率」＝「100＋利子率」なのです。そして、金地金は理論的には、インフレ率に呼応して価格が上がりますから、価格が上がった分を「利子」とみなすことができます。つまり、金地金は「その本体価格の中に利子が含まれている」と考えることができるのです。

ですから、「金地金には金利がつかないからイマイチだよね」というのは間違った理解だと私は考えています。

● 老後のリスクヘッジ手段として

では、持ち続けた金はいつ売るかというと、「老後」です。

自分が65歳を超える頃までにハイパーインフレもなく、今と変わらない平和な日本だったら、その頃から1年に4つ（800グラム）ずつ換金して、その年の「食費・生活費の足し」にすればいいのです。それこそまさに、「年『金』」です。

本書のテーマは、老後のために株式投資をして長期的な財産形成をしておくことですが、二重三重の保険として「金地金」でインフレリスクをヘッジしておくのは、依然として有効であろうと考えています。老後に、もしもお金に困ったら、「貯『金』」をおろすような気持ちで、金地金を必要な分だけ売ればいいのです。これで「老後不安」は解消されます！

今は日本では金価格が40年来の高値なので、今、金地金を買うのは気が引けますが、長期的なインフレヘッジだと思って、少しずつ買っておくのがいいでしょう。

なお、金地金の保管は、銀行の貸金庫でもいいのですが、もしも預金封鎖になった場合に、封鎖されてしまうかもしれません（有事の時に、その辺りがどうなるのかということは、正確にはわかりかねます）。ですから、各自、自己責任で金庫等に保管しておくのが望ましいということになります。

なお、金地金の購入方法ですが、「田中貴金属」で購入されることを

オススメします。「田中貴金属」以外にも、大手銀行などでも買うことはできますが、信頼性の意味で、「田中貴金属」が一番だと思います。200グラムを買うのであれば、代金の現金以外には何も必要ありません。代金を持って、ただお店に行って買うだけです。

第 3 講

「老後2,000万円必要問題」の解決策を教えます

この講のポイント

・「老後2,000万円」という言葉に惑わされない

・実現するかどうかはともかく「長期プランを描く」ことが大事

・老後に備え「資産運用できる能力」を身につける

③-①限 「老後2,000万円問題」とはなんだったのか

1 「報告書」の本当のメッセージ

● 「老後2,000万円」について触れているのはごくわずか?

2019年の6月辺りから、いわゆる「老後2,000万円必要問題」が世間を騒がせたことは、記憶に新しいところです。

この「老後2,000万円問題」は、2019年6月3日に公表された報告書（正式なタイトルは、「金融審議会　市場ワーキング・グループ報告書　『高齢社会における資産形成・管理』」。以下、本書では「報告書」と記す）の中にある記述が発端でした。「え!?　老後に2,000万円も必要なの!?　そんなの聞いてないよ〜！　どうするんだ〜」というのが、世間の多くの反応のようでした。

正式タイトルからもわかるように、この報告書はもともと「資産形成とその管理」の話であり、その内容は多岐にわたります。しかも、騒ぎになった「老後2,000万円問題」については、この報告書の「1.　現状整理」の「(3) 金融資産の保有状況」にチラッと書かれているだけなのです。

その原文を引用します。

「(2) で述べた収入と支出の差である不足額約5万円が毎月発生する場合には、20年で約1,300万円、30年で約2,000万円の取崩しが必要になる。」

　ここにある（2）とは、「(2) 収入・支出の状況」のことで、具体的には【高齢夫婦無職世帯（夫65歳以上、妻60歳以上の夫婦のみの無職世帯)】の「実収入」と「実支出」が示されていて、「実収入」が209,198円で、「実支出」が263,718円となっており、「平均的な姿で見ると、毎月の赤字額は約5万円となっている。」と述べられています。

　つまり、

約21万円 － 約26万円 ＝ マイナス約5.4万円
約5.4万円 × 12（カ月）× 30（年）＝ 約2,000万円

ということです。「老後2,000万円問題」とはつまり、単なる算数の問題なのですが、この一文が独り歩きして、世間を騒がせ、政府を揺らがせることにもなったのです。

● 「報告書」が本当にいいたかったこととは?

　この報告書全体としてのメッセージはむしろ、足りない分の収入をどのように確保するかに置かれています。具体的には、

① 就労継続の模索 ＝ 長く働いて収入を増やす

② 自らの支出の再点検・削減 ＝ 支出を減らす

③ 保有する資産を活用した資産形成・運用
　＝ 資産 運用で収入を増やす

といった『自助』の充実をしましょう、ということを述べています。

　私がかねてから思っていた**「資産運用を抜きにしては人生100年時代を生き抜くことはできない」**ということを、この「報告書」はまさに代弁してくれています。しかしマスコミはこの部分を無視し、「2,000万円」という数字だけをセンセーショナルに報じたのです。

　「報告書」の原典を通読してみてわかったのですが、この「報告書」は、多くの識者の知恵を結集して、かなり誠実に書かれたものです。原典はホームページ（HP）にて全文が掲載されていますので、皆さんにも是非一度、お読みいただくことをオススメします。

2 「老後2,000万円問題」についての私見

　さてここで、「老後2,000万円問題」について、私なりの考えを少し披露させていただきたいと思います。

　私は、いわゆる御用学者ではないので、この問題に対して火消し役的な意見を述べるつもりはありませんし、また、火に油を注ぐつもりもないです。ただ、この問題も、やはり「本質」をとらえなけれ

ばならないと思うのです。

● この問題の本質

「老後に1,300万円〜2,000万円が必要だ」とした「報告書」は
あくまでも、現在における「老後の収入」の「平均値（約21万
円）」と「老後の支出」の「平均値（約26万円）」から「収支差
額」を示したに過ぎないのです。それが月額およそ5万円のマイナ
スで、30年で計算するとおよそ2,000万円になると述べているだけ
なのです。このことは前にも述べました。

　そして、このことが示しているのは、本質的には「現在のところ、
平均的な日本人は、老後に毎月およそ5万円の貯金を取り崩しな
がら生活することができている」という事実です。「報告書」はその
ことを示したに過ぎないのです。

「現在のところ、平均的な日本人は、平均的にいって、月額およ
そ5万円のマイナスに耐えられていますよ」ということですね。

　各世帯の貯蓄総額は2,000万円とは限らず、もっと多いかもしれ
ないし、少ないかもしれないのです。ただ、「毎月5万円の貯金を
取り崩しながら生活している」という実態を浮き彫りにしたというだ
けなのです。

　そして、もし毎月の収入額が将来的に下がるのではないかという
不安があるのであれば、それを見越して多めに貯金をしましょうねと
いう、「当たり前のこと」を確認できたというだけのことなのです。

　この「報告書」から読み取れることは、本質的には、こういった
「当たり前のこと」だけです。

　大騒ぎするようなことでしょうか。

● そもそも、こんなことは「何をいまさら!?」という話でしか ないです

しかも、この「老後に、いくら貯蓄が必要か?」という議論は、マネー雑誌や週刊誌等でさんざん取り上げられてきています。私もその多くに目を通してきていますが、最小は「ゼロでいい」という説もありますし、最大では「1億円は必要!」という扇動的なものも目にします(なお、この「1億円必要」という説は、支出総額だけを取り上げていて、年金収入や労働収入を無視した不適切なものです)。

これらの「0円〜1億円」という大きな幅のある諸説を私なりに吟味して総括した結果、私は結論的に **「60歳時に、ローンを返済済みの家と、夫婦で金融資産3,000万円を持っていて、65歳まで働いて、65歳時から毎月20万円くらいの年金収入があれば概ね大丈夫」** といったところが終着点だと考えています。

こういった私の肌感覚からすれば、今回の報告書が「夫が65歳時に、2,000万円」としているのは、だいぶお手柔らかなほうだと思います。「ローンを返済済みの家」については触れていませんし。「報告書」でも「1. 現状整理」の「(3) 金融資産の保有状況」で、

> 「支出については、特別な支出(例えば老人ホームなどの介護費用や住宅リフォーム費用など)を含んでいないことに留意が必要である。」

と述べています。ほら、やっぱり2,000万円では足りないじゃないですか。余裕を見て、少なくとも3,000万円は必要ですね。

それに、「ローンを返済済みの家」も必要です。「報告書」に記載された「実支出」の中には「住居費」は月額で13,656円しか計上されていないのです。これでは家賃支払いにはほど遠い金額であり、修繕積立とか固定資産税分くらいにしかなりません。

　また、老人ホームやサ高住（サービス付き高齢者向け住宅）に移り住む場合は、その費用は「ローンを返済済みの家」を売却することで調達できそうです。

● 国民の不安を箇条書きに

　ではここで、国民の不安を箇条書きにしてみましょう。

① 2,000万円もない！（悲鳴）

② 2,000万円なかったら、どうすればいいんだ⁉（悲鳴）

③ 年金収入が月額約21万円も受け取れそうにないんだけど、どうすればいいんだ⁉（悲鳴）

④ 年金収入が月額約21万円から下がるんじゃないか（不安）

⑤ 持ち家がなく、ずっと家賃がかかり続けるから、毎月の支出が 26万円ではすまない！（悲鳴）

　だいたい、こういったところでしょう。これらについて、単刀直入に答えます。

① 2,000万円もない！（悲鳴）

② 2,000万円なかったら、どうすればいいんだ⁉（悲鳴）

やはり、2,000万円、いや、「3,000万円とローンのない家」を持っておくしかありません（冷たいようですが、それしかありません）。

> ③ 年金収入が月額約21万円も受け取れそうにないんだけど、どうすればいいんだ!?（悲鳴）
> ④ 年金収入が月額約21万円から下がるんじゃないか（不安）
> ⑤ 持ち家がなく、ずっと家賃がかかり続けるから、毎月の支出が26万円ではすまない！（悲鳴）

その分を見越して、しっかり蓄財しておくしかありません。そう考えると、2,000万円では足りなくて、やはり3,000万円（またはそれ以上）必要である可能性が高いです。

このように、これらの悲鳴や不安に対する答えはシンプルです。**「その分、しっかり資産を形成しておくか、支出を抑えて質素に暮らすか」です。それしかないのです。**
　悲鳴を上げたり不安に思ったりしていても事態は改善しません。ひたすら貯蓄に励み、それだけでは足りないでしょうから、資産運用の力を借りて増やしていくことしかないのです。

さて、ではいよいよ次に「老後の資金対策」の方法論について解説していきましょう。

「壮大なる年次計画」のススメ

～自分自身の経済状況の「見える化」～

1 大前提となる基本コンセプト

● 年金はあてにならない。あくまで「オマケ」

　ライフプランの具体的な立て方を解説していく前に、本書で前提とする基本コンセプトを明示しておきましょう。大前提となる基本コンセプトは2つあります。

　すでに述べましたが、老後資金について私は結論的に、

> 「60歳時に、ローンを返済済みの家と、夫婦で金融資産3,000万円を持っていて、65歳まで働いて、65歳時から毎月20万円くらいの年金収入があれば概ね大丈夫なのではないか」

と考えています。しかしここでは、世間の通説をひっくり返して、あえて、

年金収入はオマケ!

と考えます。

　なぜ「年金収入はオマケ」と考えるのかというと、理由は2つあります。

<u>理由1.　年金をもらえない人もいますし、減額されたりする可能性もあって、あてにできないから。</u>
<u>理由2.　人生には「予想外の出費」も必ずや発生しますし、できるだけ余裕を持っておきたいので、年金収入は原則として経済的なバッファー（緩衝材）と考えたいから。</u>

「報告書」では、年金等の実収入の「平均額」として「21万円」を想定していましたが、これはあくまでも「平均額」であって、年金の実収入がもっと少ない人もたくさんいます。

　また、将来的には「年金支給額の減額」といった事態もないわけではないですし、支給開始年齢も70歳まで繰り下げようという政府の意図が、すでに見え見えです。

　さらには、実生活における肌感覚のインフレが起こっても、政府がそれを認識しなければ年金支給額は増額されないので、「実質的な目減り」をすることも充分に考えられます。2020年においても、すでにそういった「実質的な目減り」は起こっていると思います。名目または実質を問わず、そういった年金支給額の減額にビクビクしながら老後を過ごすのは精神的に健全ではないので、思い切って「年金収入はオマケ」と考えてしまうのです。

　このように、「年金収入はオマケ」というか、「お小遣い」か「予備費」のように考えておけば、人生における「予想外の出費」にもそれで対処できますので、精神的に余裕が持てます。

● 「過去の神話」は今すぐ忘れてしまおう

以上のようなわけで、大前提となる基本コンセプトの1つ目は次のとおりです。

> **基本コンセプト1**
> 目標は、「60歳時に、ローンを返済済みの家と、夫婦で金融資産3,000万円を持っていて、65歳まで働く」。年金収入はオマケ。

そして、大前提となる基本コンセプトの2つ目は、次のとおりです。

> **基本コンセプト2**
> 老後のための資産形成と、老後における収入の補填のために、「資産運用」をライフワークとする。

日本人は、とかく「資産運用」ということを嫌います。「難しい（わからない）から」「怖いから」というのがその理由のようです。そして貯金に邁進します。

日本人の「金融資産の中に占める貯蓄の比率」は世界でダントツの1位です。しかし、**21世紀は「貯金しているだけでいい」というような簡単な時代ではありません。**

20世紀までは、「年功序列と終身雇用があり、退職金と年金が手厚くもらえるから、まじめに働いてコツコツ貯金していれば、老後は安心」と信じられてきました（また、事実として、そういう平和な

時代もあったようです)。「企業神話と貯金・年金神話」です。これは、「高度経済成長」と「高金利」、そして「人口ボーナス（人口構成上、メリットが生じること）」があったので成り立っていたのです。

しかし、**すでに消え去ってしまった過去の神話にいつまでも固執していては、取り返しがつかないことになってしまいます。**これからは過去の神話のようにはいかないということは、皆さんも薄々と、または、はっきりとおわかりになっていると思います。

2 「壮大なる年次計画」を立てれば、すごく安心できます

● 不安が見えるようになれば、安心できます

私は今から7年以上前の誕生日（2013年6月8日）の時に**「壮大なる年次計画」**というものを作成し、それをずっと更新し続けてきました。

「壮大なる年次計画」というのは、簡単にいえば「お金に関するライフプラン」です。それがどんなものかというのは順を追って解説していきますが、とにかくこの「壮大なる年次計画」を立てることによって、自分の「将来のお金に対する不安」が吹き飛ぶのです。将来のお金に関する「見える化」ができていると、「漠然とした不安」がきれいに消え去ります。

将来のお金に関して、はっきりと「数値化」され「見える化」されるので、「漠然とした不安」とは逆の、「はっきりとした安心感」が得られます。

この「壮大なる年次計画」を最初に作るのはけっこう手間ですが、一度作ってしまえば、あとは時々少し修正するだけで、ずっとつかえます。そして、この「壮大なる年次計画」を見るたびに、自分の金融資産がいつまでもつのか（これを「資産寿命」といいます）がはっきりと「見える化」できて、すごく安心できるのです。

　また、もし自分の金融資産の総額が少なすぎて、「不安」がはっきりと「見える化」されてしまう場合でも、どのように準備していけば、その不安が解消できるのかという計画が自分で立案できるようになります。ですからその場合でも、不安は解消され、安心できるというわけです。

●「漠然とした不安」の正体とは?

　もちろん、先のことは誰にもわかりませんから、この「壮大なる年次計画」もあくまでも「計画」でしかありません。また、この「年次計画」の表に記入する項目は、すべて「現時点で想定できる金額」が基礎となります。

　一方、人生には想定外のことも起こり得ますし、予定変更や価格変更によって色々な金額も変化するでしょう。10年も20年も先の金額を記入する場合には、価格が大きく変わっているでしょうから、そんなに先の価格は誰にもわからないので、とにかく今想定できる価格で記入しておき、あとから微修正するしかありません。

　でも、だからといって**「計画」を立てても意味がないということにはなりません。**「計画」を立てていないから「漠然とした不安」が頭をもたげてくるのです。それを退治するためには、やはり「計画」を立てることが有効に作用します。「現在、安心できること」の積み重ねで、「安心していられる将来」を獲得するのです。「将来」

とは、「現在の一瞬先」のことですから、遠い将来も「現在の一瞬先、の一瞬先、の一瞬先……」を繰り返していった先に過ぎないのです。

それに、**「現在、安心できること」それ自体に充分価値があります。**

では以下で、いくつかの表をお示しして、「壮大なる年次計画」の立て方について解説していきます。

3 「壮大なる年次計画」の立て方

● シンプルなサンプルケース──35歳からのプラン

まずは次ページの**表1-1**をご覧ください。

わかりやすくするために、このケースは毎年の追加資金と運用以外には、60歳の退職時に1,500万円を追加投資するだけのシンプルなものにしています。実際にはもっと複雑になります。私が7年以上前に作成して、更新し続けている「壮大なる年次計画」も、もっと複雑ですが、基本形はこの形です。

開始年齢は35歳で、開始日は2020年6月8日です。本書では、開始日を私の誕生日にしてあります。各人の誕生日によって、開始日は異なりますし、必ずしも誕生日から始めなければならないということでもありません。

このケースでは、開始資金を300万円としました。そして、満40歳までは毎月10万円を、満40歳以降満60歳までは毎月12万円

表1-1

壮大なる 人生計画

35歳〜

開始資金：300万
運用利回り：税引き前8%
売買益の年間利回り：4%（税引後）
配当の年間利回り：2.4%（税引後）
課税：20%
売買手数料：度外視
年間積立額：変動型

（単位:万円未満四捨五入）

年数	1	2	3	4	5	6
開始日	2020/6/8	2021/6/8	2022/6/8	2023/6/8	2024/6/8	2025/6/8
開始時の満年齢	35	36	37	38	39	40
年度初めの資金	300	439	587	745	913	1091
年度末の資金	319	467	625	793	971	1161
年間売買利益額 (税引後)	12	18	23	30	37	44
年間の受取配当 (税引後)	7	11	14	18	22	26
年度末追加投入額 (年額)	120注1	120	120	120	120	144注2
資金の出し入れ						

7	8	9	10	11	12	13
2026/6/8	2027/6/8	2028/6/8	2029/6/8	2030/6/8	2031/6/8	2032/6/8
41	42	43	44	45	46	47
1305	1532	1774	2032	2306	2598	2908
1388	1630	1888	2162	2454	2764	3094
52	61	71	81	92	104	116
31	37	43	49	55	62	70
144	144	144	144	144	144	144

14	15	16	17	18	19	20
2033/6/8	2034/6/8	2035/6/8	2036/6/8	2037/6/8	2038/6/8	2039/6/8
48	49	50	51	52	53	54
3238	3589	3963	4360	4784	5234	5713
3445	3819	4216	4640	5090	5569	6078
130	144	159	174	191	209	229
78	86	95	105	115	126	137
144	144	144	144	144	144	144

- 40歳までは毎月10万円(年120万円)、60歳までは
  毎月12万円(年144万円)を年度末に追加投入(注1、注2)
- 60歳の時に退職金1,500万円を追加投入(注3)
- 60歳の退職後も65歳まで働く
- 65歳から配当金を原資として年360万円ずつつかう
- 65歳の配当受取額が360万円よりも6万円足りないので元本から出す
- 75歳までは税込み年率8%(売買5%、配当3%)で運用
- 75歳以降は売買による運用はせず、配当の受け取りのみ

21	22	23	24	25	26	27
2040/6/8	2041/6/8	2042/6/8	2043/6/8	2044/6/8	2045/6/8	2046/6/8
55	56	57	58	59	60	61
6222	6764	7341	7955	8608	10803	11495
6620	7197	7811	8464	9159	11495	12230
249	271	294	318	344	432	460
149	162	176	191	207	259	276
144	144	144	144	144	0	0
				1500注3		

28	29	30	31	32	33	34
2047/6/8	2048/6/8	2049/6/8	2050/6/8	2051/6/8	2052/6/8	2053/6/8
62	63	64	65	66	67	68
12230	13013	13846	14732	15315	15935	16595
13013	13846	14732	15675	16295	16955	17657
489	521	554	589	613	637	664
294	312	332	354	368	382	398
0	0	0	0	0	0	0
			-360	-360	-360	-360

35	36	37	38	39	40	41
2054/6/8	2055/6/8	2056/6/8	2057/6/8	2058/6/8	2059/6/8	2060/6/8
69	70	71	72	73	74	75
17297	18044	18839	19685	20584	21542	22560
18404	19199	20045	20944	21902	22920	23102
692	722	754	787	823	862	0
415	433	452	472	494	517	541
0	0	0	0	0	0	0
-360	-360	-360	-360	-360	-360	-360

42	43	44	45	46	47	48
2061/6/8	2062/6/8	2063/6/8	2064/6/8	2065/6/8	2066/6/8	2067/6/8
76	77	78	79	80	81	82
22742	22928	23118	23313	23512	23717	23926
23288	23478	23673	23872	24077	24286	24500
0	0	0	0	0	0	0
546	550	555	560	564	569	574
0	0	0	0	0	0	0
-360	-360	-360	-360	-360	-360	-360

49	50	51	52	53	54	55
2068/6/8	2069/6/8	2070/6/8	2071/6/8	2072/6/8	2073/6/8	2074/6/8
83	84	85	86	87	88	89
24140	24359	24584	24814	25050	25291	25538
24719	24944	25174	25410	25651	25898	26151
0	0	0	0	0	0	0
579	585	590	596	601	607	613
0	0	0	0	0	0	0
-360	-360	-360	-360	-360	-360	-360

56	57	58	59	60
2075/6/8	2076/6/8	2077/6/8	2078/6/8	2079/6/8
90	91	92	93	94
25791	26050	26315	26586	26864
26410	26675	26946	27224	27509
0	0	0	0	0
619	625	632	638	645
0	0	0	0	0
-360	-360	-360	-360	-360

を貯蓄して、年度末にそれを運用資金に追加します。

　また、65歳までは働いて、65歳からは配当の受取額を生活費（年間360万円）の原資としていますが、それまでは配当の受取額も投資資金に追加投入していきます。受取配当額を「再投資」していくのです。

　さらに、この表では、満60歳時に退職金を1,500万円受け取っていて、それを運用資金に追加しています。

　そして、100ページの「基本コンセプト2」で述べたように、この「壮大なる年次計画」の表は、株式投資による資産運用を大前提にしています。ここでは、かなり控えめに見て、株式の売買による運用利回りを年率で「5％」（税引き後で4％）、株式の配当による運用利回りを年率で「3％」（税引き後で2.4％）としています。この「税込みで年率8％」というのは、本書の投資法を実践すれば期待できる「かなり控えめ」な目標利回りです。

　なお、株式投資にかかる所得税と住民税の税率を20％として、売買手数料は度外視しています。実際には所得税と住民税以外に復興特別所得税も課されるので、株式の譲渡益と配当に対する正確な税率は（2020年9月時点で）20.315％ですが、数字が複雑になりますので、ここでは税率は20％としています。また、昨今はネット証券会社経由での売買が主流であり、その売買手数料は片道1,000円前後とかそれ以下というのが一般的です。このような零細な金額の売買手数料についても、簡略化のためにここでは度外視しています。

　この表は35歳から94歳までの60年分をまとめています。気が遠

くなるような先の話まで書いてあり、「こんなの、このとおりにいくわけがない」という印象をお持ちになる方も多いでしょう。しかし、大事なことは「壮大なる年次計画」を立てておくことです。

このとおりになるかどうかは、やってみないとわからないことですし、1年1年の実践が将来につながっていくのです。60年分の計画を立てたら、あとは足下の1年分を1年かけて、しっかり実行していくことが大切です。「千里の道も一歩から」です。**60年の道も1年目から**なのです。

● 75歳を超えて、運用を停止しても資産がひたすら増え続ける?

では、この表が意味するところを吟味していきます。

このケースの場合、35歳の人が最初に300万円からスタートして、毎月10万円（40歳から60歳までは毎月12万円）を貯蓄して、税込みの年率8％で運用をしていくと、60歳の時点で退職金と合わせて金融資産が1億803万円になっています。目標の3,000万円を遙かに超えて1億円を超えています。

なお、ここでは簡便化のために、住宅ローンは勤労所得から払って、60歳までに完済していると仮定しています。ですから、このケースだと、60歳時に「ローンのない家と1億803万円」を持っていることになり、富裕層の域に達します。

60歳以降は月々の追加投入額はありませんが、配当の受取額もつかわずに「再投資」します。65歳以降75歳までの10年間は運用を続けながら、受取配当額を原資として年間360万円ずつつかっていくとします。年金収入がなくても、毎月30万円で暮らしていけます。65歳の1年間は配当収入が354万円あるのでこれを原資として、足りない分は元本から6万円だけを引き出して、年間360万円

で生活します。66歳以降は、配当収入が360万円を超えるので、資金総額はキャピタルゲインと合わせて、未来永劫、増え続けます。

● 定年後は「投資家」に転身する

なお、65歳までは仕事のかたわらで資産運用をしてきたわけですが、資産運用を「副業」と考えれば、しっくりくるかもしれません。このケースでは35歳から**「資産運用という副業」**を始めたと考えればいいでしょう。今でも「副業」を禁止している会社はありますが、株式投資を「副業」にするのを禁止している会社は、あまりないと思います（なお、インサイダー取引防止の観点から株式投資を禁止している職場はあると思います。その場合、その禁止されている期間は、株式投資による資産運用は諦めざるを得ませんが）。

そして65歳からは本業が定年になるので、資産運用が本業になるというわけです。

「65歳までは会社員が本業で、定年後は投資家が本業」、もしくは「65歳で本業が定年になったので、定年後は投資家に転身した」という感じです。

さて、75歳以降は売買による運用を行わず、配当の受け取りだけを想定しています。75歳で「完全隠居」です。

75歳以降も、受取配当額と合わせて年間360万円ずつつかっていきます。それでも、表をご覧になっておわかりのように、年間の受取配当額が生活費（年間360万円）を超えているため、毎年360万円ずつつかっても、金融資産が増え続けるという、盤石の態勢が築けます。

「夢のようなことをいうな！」と思うかもしれませんが、これが「複利の力」の真実なのです。数字は嘘をつきません。

なお、金融資産が1億5,000万円を超えていて、配当利回りで手取り2.4％を維持すれば、そして、住宅ローンのない年間の生活費を360万円までにしておけば、配当だけで食べていかれる「配当生活」になります。

なお、年金収入が見込めるのであれば、毎年360万円に年金収入が加算され、さらに余裕ができますが、30年後に年金制度がどうなっているのかはあてにできないので、ここでは年金収入をオマケと考えているのです。

● 開始年齢が45歳で、開始資金が500万円のケース

次に、あと10歳余分に歳を取ってから始めるケースとして、開始年齢が45歳で、開始資金が500万円で、60歳の時に住宅ローンを完済するケースを見ていきます。次の**表1−2**をご覧ください。

このケースでも、満60歳までは毎月12万円を貯蓄して、年度末にそれを運用資金に追加します。受取配当額もその全額を運用資金に再投資します。また、ここでも、満60歳時に退職金を1,500万円受け取って、それを運用資金に追加しています。

そして、このケースでは満60歳時に住宅ローンの残額として1,000万円を一括返済しています。そのため、満60歳時における「資金の出し入れ」の額は、退職金の1,500万円から住宅ローンの残額の1,000万円を差し引いた500万円になっています。このように、（毎年のことではない）特別な「資金の出し入れ」がある場合には、表の外に注記をします。

表1-2

壮大なる 人生計画

45歳～

開始資金：500万
運用利回り：税引き前8%
売買益の年間利回り：4%（税引後）
配当の年間利回り：2.4%（税引後）
課税：20%
売買手数料：度外視
年間積立額：変動型

（単位:万円未満四捨五入）

年数	1	2	3	4	5	6
開始日	2020/6/8	2021/6/8	2022/6/8	2023/6/8	2024/6/8	2025/6/8
開始時の満年齢	45	46	47	48	49	50
年度初めの資金	500	676	863	1063	1275	1500
年度末の資金	532	719	919	1131	1356	1596
年間売買利益額 (税引後)	20	27	35	43	51	60
年間の受取配当 (税引後)	12	16	21	26	31	36
年度末追加投入額 (年額)	144	144	144	144	144	144
資金の出し入れ						

7	8	9	10	11	12	13
2026/6/8	2027/6/8	2028/6/8	2029/6/8	2030/6/8	2031/6/8	2032/6/8
51	52	53	54	55	56	57
1740	1995	2267	2556	2864	3191	3539
1851	2123	2412	2720	3047	3395	3766
70	80	91	102	115	128	142
42	48	54	61	69	77	85
144	144	144	144	144	144	144

14	15	16	17	18	19	20
2033/6/8	2034/6/8	2035/6/8	2036/6/8	2037/6/8	2038/6/8	2039/6/8
58	59	60	61	62	63	64
3910	4304	5224	5558	5914	6292	6695
4160	4580	5558	5914	6292	6695	7123
156	172	209	222	237	252	268
94	103	125	133	142	151	161
144	144	0	0	0	0	0
	500注1					

- 60歳までは毎月12万円（年144万円）を年度末に追加投入
- 60歳の時に退職金1,500万円で住宅ローン（残債1,000万円）を一括返済。1,500−1,000＝500万円（注1）
- 60歳の退職後も65歳まで働く
- 65歳から年360万円ずつつかう
- 75歳までは税込み年率8％（売買5％、配当3％）で運用
- 75歳以降は売買による運用はせず、配当の受け取りのみ

21	22	23	24	25	26	27
2040/6/8	2041/6/8	2042/6/8	2043/6/8	2044/6/8	2045/6/8	2046/6/8
65	66	67	68	69	70	71
7123	7219	7321	7430	7545	7668	7799
7579	7681	7790	7905	8028	8159	8298
285	289	293	297	302	307	312
171	173	176	178	181	184	187
0	0	0	0	0	0	0
-360	-360	-360	-360	-360	-360	-360

28	29	30	31	32	33	34
2047/6/8	2048/6/8	2049/6/8	2050/6/8	2051/6/8	2052/6/8	2053/6/8
72	73	74	75	76	77	78
7938	8086	8244	8411	8253	8091	7925
8446	8604	8771	8613	8451	8285	8115
318	323	330	0	0	0	0
191	194	198	202	198	194	190
0	0	0	0	0	0	0
-360	-360	-360	-360	-360	-360	-360

35	36	37	38	39	40	41
2054/6/8	2055/6/8	2056/6/8	2057/6/8	2058/6/8	2059/6/8	2060/6/8
79	80	81	82	83	84	85
7755	7582	7404	7221	7035	6843	6648
7942	7764	7581	7395	7203	7008	6807
0	0	0	0	0	0	0
186	182	178	173	169	164	160
0	0	0	0	0	0	0
-360	-360	-360	-360	-360	-360	-360

42	43	44	45	46	47	48
2061/6/8	2062/6/8	2063/6/8	2064/6/8	2065/6/8	2066/6/8	2067/6/8
86	87	88	89	90	91	92
6447	6242	6032	5816	5596	5370	5139
6602	6392	6176	5956	5730	5499	5263
0	0	0	0	0	0	0
155	150	145	140	134	129	123
0	0	0	0	0	0	0
-360	-360	-360	-360	-360	-360	-360

49	50
2068/6/8	2069/6/8
93	94
4903	4660
5020	4772
0	0
118	112
0	0
-360	-360

このケースは、開始年齢が35歳からのケースよりも10年遅いということと、満60歳時に住宅ローンを全額返済しているということがあるため、満65歳時における金融資産の額（7,123万円）は、35歳からのケース（1億4,732万円）よりも小さくなっています。

　このケースでも、税込みの年率8％で運用をしており、60歳の時点で退職金と住宅ローンの全額返済とを合わせて金融資産が5,224万円になっています。60歳の時点においても金融資産の額は35歳からのケースよりも小さいですが、それでも3,000万円をゆうに超えています。このケースだと、60歳時に「ローンのない家と5,224万円」を持っていることになります。

　そして、金融資産はさらに増え続け、65歳の時点で金融資産が7,123万円になっています。

　65歳以降の10年間は運用を続けながら、受取配当額と合わせて年間360万円ずつつかっていくとします。このケースでも、年金収入がなくても毎月30万円で暮らしていけます。

　65歳から75歳までは、年間360万円ずつつかっていっても金融資産は少しずつ増えていくのです。65歳の時点で7,123万円だった金融資産は、75歳時には8,411万円まで増えています。ここでも、「年間360万円までならつかっても、お金が減らない安泰ワールド」に入っています。ひとえに「8％の運用」のおかげです。65歳から75歳までの職業は、「プロのトレーダー」というわけです。前期高齢者にして、「プロのトレーダー」！　むしろカッコいいくらいですよね（笑）。

　75歳以降は「完全隠居」です。売買による運用を行わず、配当

の受け取りだけを想定しています。75歳以降も、受取配当額を原資にして年間360万円ずつつかっていきます。そうすると、表をご覧になっておわかりのように、金融資産は85歳時に6,648万円、94歳時にも4,660万円残っています。この例では資金が徐々に減っていくとはいえ、100歳までは大丈夫だということがわかります。

● **開始年齢が55歳でも、めちゃくちゃ頑張れば巻き返しは可能**

では次に、開始年齢が55歳の事例を検討してみます。

結論を先に書くと、**開始年齢が55歳でも、めちゃくちゃ頑張れば巻き返しは可能です。**

ここでは、開始資金を1,000万円とします。50代の貯蓄額の平均値は1人当たり1,113万円といわれています（金融広報中央委員会、2017年11月公表、「家計の金融行動に関する世論調査」の「年代別貯蓄状況」から）。

ただし、これは貯蓄額が大きい一部の人も含まれた平均値なので、実際には貯蓄額が1,000万円に満たない人も多いでしょう。50代の貯蓄額の「中央値」は1人当たり400万円となっています（出典：同上）。

しかし55歳からのケースでは、「1世帯（夫婦2人）」で1,000万円ですから、開始資金が1,000万円というのは決して多すぎるわけではありません。

では、次ページの**表1-3**をご覧ください。

このケースでは、スタートが遅いので、満65歳までは働きながら毎月20万円を貯蓄して、年度末にそれを運用資金に追加することになっています。「毎月20万円を貯蓄」するというのは、自営業

表1-3 壮大なる人生計画 ⑤⑤歳～

開始資金：1,000万
運用利回り：税引き前8%
売買益の年間利回り：4%（税引後）
配当の年間利回り：2.4%（税引後）
課税：20%
売買手数料：度外視
年間積立額：変動型

（単位:万円未満四捨五入）

年数	1	2	3	4	5	6
開始日	2020/6/8	2021/6/8	2022/6/8	2023/6/8	2024/6/8	2025/6/8
開始時の満年齢	55	56	57	58	59	60
年度初めの資金	1000	1304	1627	1972	2338	3227
年度末の資金	1064	1387	1732	2098	2487	3434
年間売買利益額（税引後）	40	52	65	79	94	129
年間の受取配当（税引後）	24	31	39	47	56	77
年金収入	0	0	0	0	0	0
年度末追加投入額（年額）	240	240	240	240	240	240
資金の出し入れ					500注1	

年数	7	8	9	10	11	12	13
開始日	2026/6/8	2027/6/8	2028/6/8	2029/6/8	2030/6/8	2031/6/8	2032/6/8
開始時の満年齢	61	62	63	64	65	66	67
年度初めの資金	3674	4149	4655	5193	5765	6014	6279
年度末の資金	3909	4415	4953	5525	6134	6399	6681
年間売買利益額（税引後）	147	166	186	208	231	241	251
年間の受取配当（税引後）	88	100	112	125	138	144	151
年金収入	0	0	0	0	240	240	240
年度末追加投入額（年額）	240	240	240	240	0	0	0
資金の出し入れ					-360	-360	-360

年数	14	15	16	17	18	19	20
開始日	2033/6/8	2034/6/8	2035/6/8	2036/6/8	2037/6/8	2038/6/8	2039/6/8
開始時の満年齢	68	69	70	71	72	73	74
年度初めの資金	6561	6860	7179	7519	7880	8265	8673
年度末の資金	6980	7299	7639	8000	8385	8793	9229
年間売買利益額（税引後）	262	274	287	301	315	331	347
年間の受取配当（税引後）	157	165	172	180	189	198	208
年金収入	240	240	240	240	240	240	240
年度末追加投入額（年額）	0	0	0	0	0	0	0
資金の出し入れ	-360	-360	-360	-360	-360	-360	-360

- 65歳まで毎月20万円(年240万円)を年度末に追加投入
- 60歳の時に退職金1,500万円で住宅ローン(残債1,000万円)を一括返済。
  1,500－1,000＝500万円(注1)
- 60歳の退職後も65歳まで働く
- 65歳から受取配当金と年金を合わせて年360万円ずつつかう
- 75歳までは税込み年率8%(売買5%、配当3%)で運用
- 75歳以降は売買による運用はせず、配当の受け取りのみ

21	22	23	24	25	26	27
2040/6/8	2041/6/8	2042/6/8	2043/6/8	2044/6/8	2045/6/8	2046/6/8
75	76	77	78	79	80	81
9109	9207	9308	9412	9517	9626	9737
9327	9428	9532	9637	9746	9857	9971
0	0	0	0	0	0	0
219	221	223	226	228	231	234
240	240	240	240	240	240	240
0	0	0	0	0	0	0
-360	-360	-360	-360	-360	-360	-360

28	29	30	31	32	33	34
2047/6/8	2048/6/8	2049/6/8	2050/6/8	2051/6/8	2052/6/8	2053/6/8
82	83	84	85	86	87	88
9851	9967	10086	10208	10333	10461	10592
10087	10206	10328	10453	10581	10712	10846
0	0	0	0	0	0	0
236	239	242	245	248	251	254
240	240	240	240	240	240	240
0	0	0	0	0	0	0
-360	-360	-360	-360	-360	-360	-360

35	36	37	38	39	40
2054/6/8	2055/6/8	2056/6/8	2057/6/8	2058/6/8	2059/6/8
89	90	91	92	93	94
10726	10864	11005	11149	11296	11447
10984	11125	11269	11416	11567	11722
0	0	0	0	0	0
257	261	264	268	271	275
240	240	240	240	240	240
0	0	0	0	0	0
-360	-360	-360	-360	-360	-360

者で、ある程度成功している方でないと難しいかもしれませんが、夫婦2人で「めちゃくちゃ頑張れば」可能だと思います（夫婦2人で毎月20万円ですから、1人当たりでは毎月10万円ですし）。

　また、ここでも満60歳時に退職金を1,500万円受け取って、住宅ローンの残額として1,000万円を一括返済し、差額の500万円を運用資金に追加しています。

　なお、本書では「年金収入はオマケ」ということを基本ポリシーにしてきました。それは現在35歳や45歳の方にとっては、年金を受け取るのが20年・30年、いやもっと先になり、どうなるのかがあてにならないからです。しかしながら、さすがに、現在55歳の方であれば、年金を受け取ることはほぼ確実に期待できます。「ねんきん定期便」を見れば、いくらもらえるのかもわかったりします。

　そこで例外的ではありますが、55歳からのケースでは年金の受給時期を65歳として、年金を年額で240万円受け取ることも織り込んであります（年金収入を月額20万円として計算しました）。

● 「最初の10年の努力」が一生を決める

　このケースは、開始年齢が55歳ですごく遅いので、毎月の貯金が20万円にもなっていて、めちゃくちゃ頑張らないといけません。しかし、65歳まで10年頑張れば、途中の満60歳時には住宅ローンを全額返済して、3,227万円を持っていることになります。目標である「住宅ローンを返済済みの家と3,000万円」を達成できています。

　そして、満65歳時における金融資産の額は5,765万円になります。

　しかし逆にいえば、「55歳で、貯金が1,000万円」の人は、残りの10年でめちゃくちゃ頑張らないと「楽隠居」は難しいということ

になります。前にも書きましたが、「数字は嘘をつきません」から、これは逃げられない現実なのです（その場合は、「節約」と「就労延長」も併せて対処していくことになります）。

このケースでも、65歳以降の10年間は運用を続けながら、受取配当額と年金の受取額を原資として年間360万円（毎月30万円）ずつつかって暮らしていきます。

この後も、75歳までは運用を続けるので、年間360万円ずつつかっていっても75歳時には金融資産が9,109万円まで増えます。45歳でスタートしたケースよりも1,000万円ほど多いです（これは、このケースでは年金収入を加算しているからです）。

75歳以降は売買による運用を行わず、配当の受け取りだけを想定して、75歳以降も、受取配当額と年金の受取額を原資として年間360万円ずつつかっていきます。そうすると、表をご覧になっておわかりのように、金融資産は85歳時に1億208万円、94歳時にも1億1,447万円残っています。配当収入と年金収入の合計額が、年間の支出額を上回っているため、配当の受け取り以外には、積極的な売買による運用をしなくても、金融資産は増え続けるのです。こうなれば、まさに「一生安泰」ですね。

最初の10年間、がむしゃらに頑張れば、55歳からでも「一生安泰」を手に入れることができるということです。

なお、このケースでは、11年目（満65歳の年度）の「年間の受取配当（税引後）」の行と「年金収入」の行をご覧いただくとおわかりのように、65歳時において、収入の総額（「年間の受取配

当（税引後）」の138万円と「年金収入」の240万円の合計378万円）が、支出額の360万円を18万円上回っています。

これはすなわち、**年金収入と配当収入だけで収支の帳尻が合っている**ということです。このケースでは75歳まで運用を続けていますので、金融資産の総額は年々増え続けていますが、なんなら65歳時からは積極的な運用は停止してしまって、年金収入と配当収入だけで生活していっても金融資産の総額は5,765万円（65歳時の金融資産総額）のままでほとんど変わらないということでもあります。やはり「一生安泰」であることに変わりはないですね。

「一生安泰」になるために、65歳までの10年間だけは頑張りましょう！というわけです。

●「資金の出し入れ」の大原則について

さてここで、この「壮大なる年次計画」の立案に関連して、「資金の出し入れ」に関する大切な原則について解説しておきます。

まず、「資金の出し入れ」に関する大原則は、次の一点に尽きます。

> 資金の出し入れの大原則：
> 原則として、ひとたび投資資金に投入した資金は、
> 老後までは引き出さない。

ひとたび投資資金に投入した資金は老後に毎年一定額を引き出すようになるまでは「お金だと思わない」ことが大原則です。これを守れるかどうかで、この「壮大なる年次計画」の成否が決まるといっても過言ではありません（株式投資で儲かったからといっ

て、そのお金を引き出してつかってしまうから、お金は増えないのです）。

　ひとたび投資資金に投入した資金は、**「円だと思うな、ペソだと思え」**が合い言葉です（笑）。

　さて、なぜ「老後には資金を引き出してもいいのか」ですが、それは「株式投資による8％の資産運用の目的」が「老後資金を作るため」だからです。お金は、なんらかの目的のためにためて増やすのです。ですから、その目的のためには引き出してもいいというわけですし、また逆に、「目的以外のことにはつかってはいけない」というシンプルな原則を貫いているだけなのです。

　ここで1つの大きな信念が明白になります。それは、

> 「株式投資は、老後資金を形成するために
> 長期で行うものだ」

ということです。

　株は博打ではありませんし、目先の買い物や旅行といった欲求を満たすためにするものでもありません。株式投資は長い時間をかけて行う資産形成の手段です。**長期の資産形成の手段として株式投資が最も向いているということは、多くの識者が認めるところでもあります。**

　さて、「ひとたび投資資金に投入した資金は、老後までは引き出さない」ということが大原則ですが、その「例外」を決めておきます。それは、

「①税金の支払いと②居住用財産の取得の2つの項目のためであれば、投資資金を引き出してもよい」

というものです。

これらの2つの項目がなぜ「例外」として認められるのかについて、以下で簡潔に述べます。

● 例外その1：税金の支払い

株式投資で稼いだ利益に対する税金は、株式投資で稼いだ資金から支払うのが当たり前だからです。

「壮大なる年次計画」においては、「税引後」で金額が記載されていますが、正確には、売買益に対する課税が源泉徴収方式でなければ、資金は税込みで増加し、その後に税額分を引き出しているのです。

最初のうちは株式投資で稼いだ利益に対する税額はあまり大きくないので、手もとの現金預金で支払うことも可能ですが、たとえば45歳からの表では、20年目には株のキャピタルゲインが335万円くらい（税引き後の年間利益額が268万円）になりますので、税金だけで67万円くらい支払わなければならなくなります。これを手もとの現金預金で支払うことは、なかなか難しいでしょう。ですから、株式投資で稼いだ利益に対する税金の納付のためのお金は、投資資金から引き出してもいいのです。

● 例外その2：居住用財産の取得

居住用財産の取得のための資金の拠出は、「そもそもの目的」に合致していますから、投資資金から引き出してもいいのです。資産を運用する「そもそもの目的」は、「老後資金」を作ることでし

た。そして「老後資金」の中身は、「住宅ローンを返済済みの家と3,000万円」でした。この前半部分の「住宅ローンを返済済みの家」を獲得するために資金を引き出すことは、「そもそもの目的」に合致しているので、例外として資金の引き出しを認めます。

さて、「壮大なる年次計画」の一番下の行には「資金の出し入れ」という行があります。これまでの例では、退職金とそれに伴う住宅ローンの一括返済と65歳以降の生活費の引き出し（－360）くらいしか記入してありませんでした。しかし、実際に千差万別の人生設計をしていく場合には、こんなに単純ではなく、「住宅の頭金の支払い」や「大規模修繕費用の支払い」といった項目が随時発生してきます。そういったことを各自で考えて、「資金の出し入れ」の欄に必要な金額を記入することになります（これらの「住宅の頭金の支払い」や「大規模修繕費用の支払い」といった項目は、その支出の時期が各人の事情に依存してしまい、特定できないため、本書の表には記入していません）。

● 開始が60歳でも手遅れではない

ここであえて、開始年齢が60歳の場合についても考えてみましょう。

結論を先に書くと、**開始年齢が60歳でも、決して手遅れではなく、やはり何もしないよりは行動を起こしたほうがいい**ということは明らかです。しかし、ハッキリ申しまして開始時期が「めちゃくちゃ遅い」ので、80歳まで頑張って運用しなければなりません。また、80歳以降は、資金が増え続けることはほとんどなく、年額240万円の年金と合わせて年額360万円をつかって生活していくと、資

金はわずかずつしか増えません。

開始年齢が60歳の場合では、開始資金を1,700万円とします。55歳で開始する場合よりも700万円多いですが、これは5年間で200万円くらいは貯金が増えているであろうということと、55歳で開始する場合と同じく、退職金で住宅ローンを一括返済した残額が500万円あると考えて、それらを合計した分（700万円）だけ、55歳で開始する場合よりも開始資金が多いのです。

126ページの**表1−4**をご覧ください。

このケースもスタートが遅いので、満65歳までは毎月20万円を貯蓄して、年度末にそれを運用資金に追加することになっています。55歳で開始する場合と同様に、めちゃくちゃ頑張りましょう。満60歳であれば、子供の養育や教育のためのお金もかからなくなっているのが一般的ですが、「まだ、あともう1人、大学に行かせなきゃいけないんだ」と仮想して、頑張るしかありませんね。

また、60歳からのケースでも55歳で開始する場合と同様に、年金の受給時期を65歳として、年金を年額で240万円受け取ることも織り込んであります。

このケースでも、満65歳の時から、年額360万円で生活していくとします。その原資は、年金の240万円と受取配当額です。受取配当額が120万円を超えない65歳から73歳までは、受取配当額で足りない分だけ投資元本から引き出すことになります。

このケースでは、80歳までの20年間は運用を続けることになっ

ていますが、計算上は「満74歳時まで」で売買による運用を停止することも可能です。それは、表の「年間の受取配当」の行の満74歳時のところを見ていただければわかります。満74歳の1年間における「年間の受取配当」の額が「121」万円になっています。すなわちこれは、満74歳時において、年間360万円（毎月30万円）の生活費と収入額（年金＋配当）の帳尻が合ったということです（差し引きで＋1万円）。であれば、この時点で積極的な売買（運用）は停止して、配当の受け取りだけで生活していくことができるということです。

　60歳からでも、次の条件が揃っていれば、「74歳以降、一生安泰」です。

「60歳から始めても一生安泰」の条件

・開始時に住宅ローンは完済してあり、退職金と合わせて開始資金が1,700万円ある。

・最初の5年間は、がむしゃらに頑張って毎月20万円をためる。

・毎年8％（税引後で6.4％）の運用を少なくとも74歳まで続ける。

　本書をじっくりと読んでいただき、**65歳までの5年間だけは、がむしゃらに頑張れば、60歳からでも「一生安泰」を手に入れることは可能**だ、というわけです。

125

表1-4

壮大なる人生計画　60歳〜

開始資金：1,700万
運用利回り：税引き前8%
売買益の年間利回り：4%（税引後）
配当の年間利回り：2.4%（税引後）
課税：20%
売買手数料：度外視
年間積立額：変動型

(単位:万円未満四捨五入)

年数	1	2	3	4	5	6
開始日	2020/6/8	2021/6/8	2022/6/8	2023/6/8	2024/6/8	2025/6/8
開始時の満年齢	60	61	62	63	64	65
年度初めの資金	1700	2049	2420	2815	3235	3682
年度末の資金	1809	2180	2575	2995	3442	3918
年間売買利益額 (税引後)	68	82	97	113	129	147
年間の受取配当 (税引後)	41	49	58	68	78	88
年金収入	0	0	0	0	0	240
年度末追加投入額 (年額)	240	240	240	240	240	0
資金の出し入れ						-360

7	8	9	10	11	12	13
2026/6/8	2027/6/8	2028/6/8	2029/6/8	2030/6/8	2031/6/8	2032/6/8
66	67	68	69	70	71	72
3798	3921	4052	4191	4339	4497	4665
4041	4172	4311	4459	4617	4785	4963
152	157	162	168	174	180	187
91	94	97	101	104	108	112
240	240	240	240	240	240	240
0	0	0	0	0	0	0
-360	-360	-360	-360	-360	-360	-360

14	15	16	17	18	19	20
2033/6/8	2034/6/8	2035/6/8	2036/6/8	2037/6/8	2038/6/8	2039/6/8
73	74	75	76	77	78	79
4843	5033	5235	5450	5679	5923	6182
5153	5355	5570	5799	6043	6302	6577
194	201	209	218	227	237	247
116	121	126	131	136	142	148
240	240	240	240	240	240	240
0	0	0	0	0	0	0
-360	-360	-360	-360	-360	-360	-360

- 65歳まで毎月20万円(年240万円)を年度末に追加投入
- 65歳まで働く
- 65歳から年360万円ずつつかう
- 80歳まで税込み年率8%(売買5%、配当3%)で運用
- 80歳以降は売買による運用はせず、配当の受け取りのみ

21	22	23	24	25	26	27
2040/6/8	2041/6/8	2042/6/8	2043/6/8	2044/6/8	2045/6/8	2046/6/8
80	81	82	83	84	85	86
6457	6492	6528	6565	6602	6641	6680
6612	6648	6685	6722	6761	6800	6840
0	0	0	0	0	0	0
155	156	157	158	158	159	160
240	240	240	240	240	240	240
0	0	0	0	0	0	0
-360	-360	-360	-360	-360	-360	-360

28	29	30	31	32	33	34
2047/6/8	2048/6/8	2049/6/8	2050/6/8	2051/6/8	2052/6/8	2053/6/8
87	88	89	90	91	92	93
6720	6762	6804	6847	6892	6937	6983
6882	6924	6967	7012	7057	7103	7151
0	0	0	0	0	0	0
161	162	163	164	165	166	168
240	240	240	240	240	240	240
0	0	0	0	0	0	0
-360	-360	-360	-360	-360	-360	-360

35
2054/6/8
94
7031
7200
0
169
240
0
-360

ただし、この場合、開始資金が1,700万円で、とても大きいので、しっかりと勉強していただいて、慎重にスタートしなければなりません。「退職金デビュー」には原則的には賛成できませんが、スタートが遅いので、仕方ありません。運用を開始しなければお金は増えませんから、まず最初に半年くらいかけてじっくり勉強してから、充分に慎重に始めてください。

● さあ、自分だけの「壮大なる年次計画」を作ってみましょう

　以上で、簡単な数値例ですが、35歳スタート・45歳スタート・55歳スタート・60歳スタートの4つのケースを見てきました。

　このように、**「壮大なる年次計画」は各自の人生プランに応じて、1つひとつ手作業で作っていくべきもの**なのです。まずはとにかく、自分用の「壮大なる年次計画」を作ってみることをオススメします。
　この「壮大なる年次計画」のエクセルで作ったフォーマット（ひな型）を、私のHPの以下のURLにて無料でダウンロードできるようにしています。皆さん自身で、ご自分用の「壮大なる年次計画」を作ってみてください。

http://www.prof-sakaki.com/zemi/rougo.html

　そして、これはとても大事なことなのですが、こうした**「お金のライフプラン」（＝「壮大なる年次計画」）には定型的なパターンがあるようで、実はないのです。**「壮大なる年次計画」の表の中に書き込む肝心の数字は「十人十色」、いや「万人万色（!?）」なのです。
　本書で取り扱ったのは、極めてシンプルな事例であって、実際

には「壮大なる年次計画」はもっと色々と込み入った個人的な事情を反映させながら作成していかなければリアルなものにはなりません。ですから、皆様各位が各自の事情を反映させながら、「壮大なる年次計画」を作成していただくのが一番だと思います。

4 これからの老後対策には「資産運用ありき」

● 「利回り8%」は決して夢物語ではない

さて、ここまで取り上げてきた35歳スタート・45歳スタート・55歳スタート・60歳スタートのいずれも、老後対策はうまく立案できています。そして、ここで前提となっているのは、「税込みで8%」の運用です。

では、その運用をどうやって実現するのか。この「税込みで8%」の運用方法が肝心です。冒頭から述べていますように、税込みで8%の運用は株式投資で行います。

その具体的な方法論につきましては、本書の第2部で述べていきます。

もちろん、利回りを約束することはできません。株式投資に「絶対」はありませんし、そもそも「利回りを約束すること」は法律で禁止されています。

また、**株式投資にはリスクがつきものですし、投資は「自己責任」が大原則です。**

ですから、本書を読んでいただいたからといっても、「税込みで8%の運用」をお約束することもできませんし、「税込みで8%の運用」

が絶対にできるということは保証できません。しかし、**「税込みで8%の運用」が机上の空論では決してない**ということだけは申し上げておきたいと思います。

　また、同じく2005年4月から、私は副業で株式投資の投資顧問業もインターネット上で行っており、多くのクライアント様にご満足をいただいて、これまで15年以上にわたって続けてくることができました。

　私の目標は、「市況の善し悪しにかかわらず、安定的に年率10％以上の利回りをたたき出すこと」であり、その実現に向けて日夜努力をしてきています。

　ご興味のある方は、こちらのサイトも覗いてみてください。

兜町大学教授の教え
http://www.prof-sakaki.com/zemi/

● 貯金だけでは、100歳までは絶対に持たない

　ちなみに、もし資産運用をまったく考えずに、貯金だけに頼ったとすると、「35歳〜」「45歳〜」「55歳〜」と同じ額を貯金して、退職金を足すとして、それぞれ、

35歳スタートの場合、
60歳までに退職金と合わせて約5,280万円、
45歳スタートの場合、
60歳までに退職金と合わせて約3,160万円、

> 55歳スタートの場合、
> 65歳までに退職金と合わせて約3,900万円

がたまることになります（3つとも、住宅ローン返済後の貯蓄額です）。

しかし、老後（65歳以降）に年間360万円ずつつかっていき、年金収入を度外視すると、

> 35歳スタートの場合、
> 65歳からおよそ80歳までの約15年間、
> 45歳スタートの場合、
> 65歳からおよそ74歳までの約9年間、
> 55歳スタートの場合、
> 65歳からおよそ76歳までの約11年間

で金融資産が底をついてしまいます（これを「資産寿命が尽きる」といいます）。

それこそ、「人生100年時代」には、これではままならないわけです。ですから、**これからの老後対策には「資産運用ありき」**なのです。

もちろん、（不吉な話で大変恐縮ですが）資産寿命が尽きる69歳や75歳よりも前に自分自身と配偶者の寿命がともに尽きてしまうのであれば問題はないのですが、そんなことはあまり考えたくはないですし、75歳よりも長生きをする可能性のほうが高くなってきているのが今の日本です。

前述の「報告書」では2015年の推計で、

> 「現在60歳の人が、
>
> 80歳まで生きる確率が78.1%
>
> 85歳まで生きる確率が64.9%
>
> 90歳まで生きる確率が46.4%
>
> 95歳まで生きる確率が25.3%」

と述べています。

　80歳まで生きる確率がほぼ80%、90歳まで生きる確率も50%近くありますし、2020年現在で65歳より若い人は、この確率がもっと上がります。

　ですから、これからは **「資産運用を抜きにしては、老後対策はあり得ない」** のです。

5 老後に配当収入に頼るのは「終身再雇用」のようなもの

　最後になりましたが、

（1）資産形成について株式というリスク資産に依存するのは、よくないのでは？

（2）老後の収入について、配当収入に頼るのは不安

という2つの間違った観念について、目から鱗が落ちるような提案をしたいと思います。

 資産形成について株式というリスク資産に依存するのは、よくないのでは？

よく巷では、高齢者の資産について、株式で持っておくのは避けたほうがいいという意見を目にします。株式がリスク資産だからです（「リスク資産」というのは、リスクつまり危険のある資産という意味ではなく、「価格が変動する資産」というのが正しい意味です）。

しかし、それは「根拠もなく、当てずっぽうで買った株式をたくさん持つのは危険」という意味ならば正しいですが、そうでなければ間違った認識です。

本書の第2部で展開している投資法は、会計学の理論的な裏付けに基づいた優良企業の株式だけを対象として、その株価が科学的に見て割安な時にしか投資しません。ですから、リスクはかなりの程度まで制御されています。

また、株式にはインフレ対抗力があります。すなわち、長期的に見れば、インフレになると株価もそれに追従して上がるということです。そして世界の常識は「緩やかなインフレ」です。これからの日本も、グローバル化の中で「緩やかなインフレが自然な流れである」という状態が続くでしょう（2013年から、もうその流れになってきています）。

そして、現金と預貯金はインフレに追随しません。金額が固定されているからです。ですから、財産の多くを預貯金で持っていることのほうが、実は非常に危険なのです。

先にも書きましたが、株式による資産形成は、最も効果的な運用手段として認識されています。

繰り返しますが、「コツコツ貯金さえしていればいい」という平和な時代はとっくに終わっています（「オワコン」です）。ある程度の

リスクを取って、それを管理しながら、健全な資産形成をしていかなければならない時代に、もうすでになっているのです。

 老後の収入について、配当収入に頼るのは不安

この項目のタイトルにもなっていますが、**「老後に配当収入に頼るのは『終身再雇用』のようなもの」**です。すなわち、一般的な会社員は60歳で一度定年を迎えます。そして、65歳までの再雇用に応じたとしても、ほとんどの人が65歳でその職場を退職します（もう少し早く退職する人もいます）。

そして、65歳以降は「株主」として、自分が持っている株を発行している企業の「なんにも専務（何もしない人）」となるのです。

たとえば武田薬品工業（4502）を例にして考えてみましょう。（2020年2月下旬から始まった大暴落の前の）2020年1月末日時点で、同社の株価は4,227円で、配当額は税込みで1株当たり180円です。配当利回りは4.25％あります。手取りで約3.40％です。これだと株価がやや高いので、配当利回りが低いですが、この会社の株価については、2020年2月下旬から始まった大暴落の前の「通常の安値圏」は「3,600円前後」です。3,600円で買えば、配当利回りは税込みで5.0％、手取りで約4.0％です。

この武田薬品工業の株を、たとえば3,600円で1万株買って、3,600万円を投資すれば、年間に手取りで約144万円の配当を受け取れます。何もしていないのに毎月約12万円の配当が得られるわけですから、この配当を「なんにも専務」の給与と見立てれば、

大企業

配当　給与

大企業の株式を保有することは
大企業から給与をもらっているようなもの

武田薬品工業がつぶれない限り、武田薬品工業に手取りの月給12万円で「終身再雇用」されているわけですね。今どき「終身（再）雇用」なんて！　しかも、東証一部上場企業です。そして、なぜ「なんにも専務」なのに毎月約12万円の給与がもらえるのかというと、**あなたは何も働かなくて、「あなたのお金が働いてくれている」**からです。

　このたとえに用いた武田薬品工業は、私の手もとに資料がある中で一番古い1988年以降少なくとも32年間連続で減配していないので、よほど大丈夫だとは思いますが、もし万一、配当が減額になった場合は、会社の業績が傾いたので不条理な左遷をされて、給料がいくらかカットされたと考えれば、それもしかたないこととして受け入れるしかないですよね。

　このようなわけで、「老後の収入について、配当収入に頼るのは不安」というようなことをいい出したら、「武田薬品工業のような東証1部上場の大企業に勤めていても不安」といっているのと同じことです。昔なら、そんなことは会社員時代には考えなかったのに、なぜ老後の配当収入になると、企業に頼るのが不安なのでしょうか。もしも現役時代に武田薬品工業よりも零細で不安定な企業に

お勤めだった方であれば、「老後のほうがむしろ安心」ですよね。
「まさか、65歳を超えて武田薬品工業のような大企業から、手取り月額12万円で『なんにも専務』として採用されるとは思ってもみなかった！」といったところではないでしょうか。株主になるということはそういうことです。

　企業が成長して利益が増えれば、配当の増額だって充分に期待できますから、会社をしっかりと選んでおけば、年金なんかよりもよほどあてになります。

　以上、老後における株式投資にまつわる不安に対して簡潔にお答えしました。

　これからも皆さんの不安解消のために、私の知識と経験を生かしていければと思っています。ご質問は、下記のメールアドレス（sakaki@prof-sakaki.com）にお送りください。メールで可能な限りで、できるだけ迅速にお答えして参りたいと考えています。

Column ⑥

青山学院大学「お金の授業」実況中継　その1

　私は長年、青山学院大学で「お金」に関する授業を行っています。学生さんたちから寄せられるお金に関する疑問は、時にハッとさせられるものが多く含まれています。そこでここでは、授業において寄せられた質問と、それに対して実際に私が行った返答をいくつかご紹介したいと思います。

国際政経学部
3年生 K.I. さん
＜男性＞

> Q. 収入と支出のバランスはどのくらいがいいでしょうか？

　収入と支出のバランスに対する正解は十人十色ですので、一般的にこうだといえることに限って述べてみます。

　まず、当たり前のことですが、収入はできるだけ多くて、支出は適度に控えめなのが一番ですね。

　ただし、収入がものすごく多いのに、支出がものすごく少ないのも、「バランス」という意味ではあまり良くないと思います。私の知人の開業医（53歳）で、奥さんと高校生の娘さんが一人いて、手取りの年収が4,000万円近くあるのに、年間の支出が500万円くらいだという人がいます。そのせいか、その人と話をしていても、ちっとも羨ましく思えないのです。ものすごくたくさん稼いでいるのだからガバガバつかえばいい、というのもどうかと思いますが、この開業医の人みたいに「バランス」が悪いのもいただけません。所得にふさわしい支出がカッコいいのではないかと思います。

次に示す「当たり前」な公式が本質を表していると思います。

<公式>　収入　－　支出　＝　余剰金 (＝貯蓄額)

そうです。「お金の収支」には、この3つの要素 (収入・支出・余剰金) しかありません。そして、「収入と支出のバランス」を考えるといった場合、多くの人は左辺の「収入と支出」を比べますが、実は左辺第1項の「収入」と、右辺の「貯蓄額」のバランスを考えることのほうが大事なのです。つまり、「収入と貯蓄額のバランス」を考えるのが本質に近い考え方だということです。

そして、「蓄財の神様」といわれた本多静六博士によれば、「収入の4分の1を強制的に天引き貯蓄する」ことが蓄財の基本だとのことです。この説に従えば、「収入4」に対して「貯蓄1」が理想だというわけですから、上の<公式>に従って、「支出」は「3」ということになりますね。

結論としては、次のようなバランスが理想だということになります。

<結論>　収入4　－　支出3　＝　貯蓄1

最初の質問に立ち返ると、「収入と支出のバランスはどのくらいがいいでしょうか?」ということでしたから、それに対する直接的な答えは、「収入:支出=4:3」のバランスがいいということになります。そして「1」を貯蓄するというわけです。

国際政経学部
3年生 R.K. さん
<男性>

Q. 東京オリンピック後の景気はどうなるでしょう?

現時点 (2020年9月の時点) で東京オリンピック・パラリンピック

が行われるかどうかは未知数ですが、多くの人が「東京オリンピック後には、景気が悪くなる」といっています。それが正しいかどうかは、「神のみぞ知る」であって、東京オリンピック後になってみないとわからないといってしまえばそれまでです。しかし、現時点でいえることは、「みんなが『景気が悪くなる』と思っていると、実際に景気が悪くなる」ということです。

「景気は『気』から」という言葉があります。つまり、「景気は民衆の気分に左右される」ということです。ですから、みんなが「東京オリンピック後には、景気が悪くなる」と思っていると、実際にもそうなってしまうということです。

そして、多くの人が「東京オリンピック後には、景気が悪くなる」と思っていますから、東京オリンピック後には、きっと景気は悪くなるでしょう。

不動産価格については、私は数年前から主張しているのですが、2019年の1月がピークだったのではないかと思います。地域にもよりますが、少なくとも2019年の下半期からは不動産価格は下がっているはずです。この不動産価格の下落も、景況感の下振れに寄与することになるでしょう。

Q. 現金派ですか？　カード派ですか？

国際政経学部
3年生 S.M. さん
＜男性＞

今や、「キャッシュレス時代」といわれるような時代ですが、私はどちらかといえば現金派です。それは、私が昭和の生まれだからだと思いますが、やはり現金のほうがしっくりくるのです。古い人間だと思われるでしょうが、「QRコード決済」は好きではありませんし、「○○ペイ」

といったようなものも、どうも好きになれないのでつかっていません。いくらか還元があると聞いても無視しています。でもまぁ、実は「ついていけてないだけ」の単なる「おっさん状態」なだけだと思いますが（苦笑）。

しかし、クレジットカードはつかいます。クレジットカードは、「QRコード決済」や「○○ペイ」と違って、昔からあるのでつかうのに抵抗はありません。また、「ついつかいすぎてしまう」などということは私には無縁なので、デメリットは発現せず、便利につかっています。

ただし、クレジットカードは「ポイント稼ぎ」ができる時だけつかいます。常時、利用額の3%（多い時は5〜6%）の還元率なので、けっこうバカにならないのです。

クレジットカードの「ポイント」をためることによってもらえる商品は、実はあまりつかわないものや、もう持っているものばかりです。ですから、私は「図書券」か「旅行券（旅行代理店でつかえる商品券）」に替えています。これによって、書籍代や旅行代がかなり浮くので、重宝しています。

「QRコード決済」や「○○ペイ」は、私は好きではありませんが、つかうのに慣れていて、同様にポイントなどがお得だと思われるのであれば、選択肢には入ってくるだろうと思います。「QRコード決済」は中国ではかなり普及しているようですから、これからは日本でも主流になっていくのではないかと感じています。

しかし昨今、不正引き出しの問題が多発しているので、安全性が確認されている電子決済以外はつかわないほうがよさそうです（つかっていなくても、勝手に新規口座を作られてしまうようですが）。

国際政経学部
3年生 S.T. さん
<女性>

Q. 働かずにお金を儲ける方法はありますか?

働かずにお金を儲ける方法はあります。その代表格は、不動産投資と株式投資です。これらは日本語では「不労所得 (英語ではPassive Income:受け身所得)」といわれているくらいですので、まさに働かずにお金を儲ける方法です。

しかし、これらの「不労所得」で生計を立てようと思ったら、億単位のお金が必要です。不動産投資でも、借入金に頼らない投資をしようと思えば、必要な資金は億単位になります。株式投資の場合でも、キャピタルゲイン (売買益) は不確定事項なので、生計を立てるという意味では、比較的安定的な「配当の受取額」を主軸に考えなければなりません。そして、配当利回りというのは、まともな投資であれば手取りで3%～5%くらいですから、配当の受取額だけで生計を立てようと思う場合、やはり1億円かそれ以上のお金が必要になります。

そこで、「不労所得」についてはあえてここでは触れずに、もっと斬新なことをお話ししたいと思います。お金がなくても、「働かずにお金を儲ける」ことに限りなく近いことを実践するための唯一の名案です。

それは、「『やりたいこと』または『イヤじゃないこと』を仕事にする」ことです。

そうしていれば、「働いている」という感覚がなくなりますし、「働かずにお金を儲ける方法はないか?」と考えることもなくなります。

一番わかりやすい例を挙げてみましょう。

たとえばユーミン（松任谷由実さん）やミスチル（Mr. Children）、B'zといった天才ミュージシャンを思い浮かべてみてください。彼らは、「やりたいこと」を仕事にしていますよね。彼らが、「お金のために、しかたなく仕事をしている」と思いますか。そんなわけないですよね。純粋に「やりたい」から、やっているんですよね。

　そして、彼らが「働かずにお金を儲ける方法はないかな〜?」なんて考えていると思いますか。あり得ないですよね。だって、彼らは最高に素晴らしい「仕事」をしてくれていて、ものすごく稼げている。でも、「働いている」という感覚はないと思います。もちろん、「プロ意識」は最高にありますが、「働いている」とは思っていないでしょう。「楽しんでいる」のだと思います。自分が楽しくなかったら、人を楽しませることなんてできませんから。

　それと同じように、「イヤじゃないこと」を仕事にしている人も、「働いている」とは思っていないのです。だって、仕事をするのが「イヤじゃない」から。

　「やりたいこと」または「イヤじゃないこと」を仕事にすることは簡単ではないですが、その境地に達すれば、資産なんか一切なくても、「働かずにお金を儲ける」という境地に達することができます。

第2部

株式投資の実践編
――豊かな老後を実現する
「負けない」投資法とは?

第 **4** 講

投資をする前に
必ず知っておいてほしいこと

**この講の
ポイント**

- 配当を中心とした「パッシブ投資」がお勧め

- 投資すべきは「財務的に安全かつ健全」な企業

- 基準を設けて投資対象企業を選別する

④-①限 株式投資戦略の グランドデザイン
～堅実で負けない投資法とは?～

1 「パッシブ投資」とは、こんな投資法です

● 意識するのは「配当」

　第2部の最初に、本書で解説する株式投資の手法と戦略について、大枠の説明をします。

　本書で説明する堅実で負けない投資法は、配当の受け取りを主軸とした長期投資の手法です。これを **「パッシブ投資」** と名付けています。

　この投資法は、配当の受け取りを主軸とした投資法なので、投資期間は最短でも半年～1年です。安定高配当利回りの銘柄に対象を絞って長期的に投資していく手法です。

　配当所得のような不労所得のことを英語で「パッシブ・インカム」といいますので、パッシブ投資と名付けました。パッシブというのは、「受け身の」という意味で、このパッシブ投資はまさに「受け身の（＝パッシブな）投資」です。

　安定的な配当を受け取ることに主眼を置いた長期の投資法ですので、企業業績のチェックや株価のチェックといった面倒なことは、

決算発表時などの節目だけに行えばいいです。

● 「ほったらかし」でも充分なリターンが

　ここで解説する「パッシブ投資」の手法によると、投資期間は最短で半年前後から1年で、最長では2年くらいかかりますが、負けることはほとんどありません。長期的にじっくりと構えることができるため、損切りすることがほとんどないのです。2010年頃にこの「パッシブ投資」の手法を確立して、それを実践し始めてから10年ほどが経過しますが、私の記憶では、損切りをしたことはありません。

　一方で、「このパッシブ投資の手法は、最短で半年前後から1年で、最長では2年くらいかかる」と述べましたが、この手法をベースにしつつ、比較的短期間で売買するのもありです。すなわち、最初に買ってから比較的短期間でも、だいぶ高くなって利益が出ていたらいったんは売って利益を確定し、売った後に少し安くなったらまた買って、上昇波動に乗りながら、何度か売買するのもありだというわけです。長期投資をベースにしつつも、短期的にも高くなったら売り、安くなったら買い戻すということを繰り返すことで、利益を最大化できるのです。

　ただ、そういった短期的な売買は煩わしいという方は、安値で買ったら（1〜2年に一度あるかないかの）かなりの高値になるまでほったらかしにしておいて、1年か2年に一度の周期で売買するのでもよいと思います。そのほうが楽ですから。

　この**「パッシブ投資」の手法は、「楽だ」というのが最大のメリット**なのです。

> ## パッシブ投資の基本
>
> ・配当を得ることを基本にする
> ・安値で買って、そのまま放置
> ・1〜2年に一度の高値の時だけ、売却を検討

●「配当だけで老後は安心」が目標

　詳しくは第5講で述べますが、基本的にこの「パッシブ投資」の手法は、手取りで少なくとも2.4%から、多い場合は4.0%以上の配当利回りを得ることを前提としていますので、投資資金の総額が大きくなれば、この手取りの配当金だけでも年金代わりになります。

　たとえば投資資金の総額が5,000万円あって、手取りの配当利回りが4.0%あれば、年間の配当の受取額は200万円（月額17万円弱）になりますし、投資資金の総額が1億円あって、手取りの配当利回りが3.6%あれば、年間の配当の受取額は360万円（月額30万円）になります。このように、投資資金の総額が大きくなれば、手取りの配当金だけで充分に年金代わりになるというわけです。

　私はこの「パッシブ投資」とは別に、よりアクティブな投資もしていますが、歳をとったせいか、最近では「全面的にパッシブ投資にシフトして、配当の受け取りをメインにして、ゆったりと投資するだけでもいいかな」と思い始めています。

● 信じるも信じないもあなた次第だが……

　さりとて、この「パッシブ投資」の手法は、配当を受け取るだけの（＝インカムゲインだけの）投資ではありません。配当を受け取りつつ、充分に高くなったら売却して売却益（＝キャピタルゲイン）も獲得するという**「両取りの投資法」**です。ですから、年金並みの配当を受け取りながらも、投資の元本も増えていくという夢のような投資法です。

　「そんなにうまくいくのか～!?（疑）」と思われるかもしれませんが、そう思われる方はぜひとも第5講をじっくりお読みください。その上でご判断くだされば幸いです。

　もちろん、うさんくさい投資話ではありませんから、「高利回り保証！」とか「絶対儲かる！」とかは決して申しません。利回り保証は不法行為ですし、投資の世界に「絶対」はありません。それでも、私自身がこの投資法を用いて、10年以上にわたって成果を出し続けていることだけは、紛れもない事実です。

● 本書をお読みいただくにあたって

　本書で解説する投資法は、これまで私が「Prof.サカキ式投資法」と名付けてきたもので、16年以上にわたって進化させてきた投資法の現時点における集大成です。ですから本書は、私の前著（『会計の得する知識と株式投資の必勝法』税務経理協会）や前々著（『現役大学教授が実践している堅実で科学的な株式投資法』PHP研究所）をお読みになった方には、繰り返しになる部分もあることをご了承ください。

2 基本的な用語説明

本書は株式投資の初心者にもわかるように解説していますが、いくつかの基本的な用語については、事前に理解しておく必要があります。以下、その説明を簡潔に箇条書きしておきます。それぞれの用語の意味をご存じの方は、読み飛ばしていただければよいと思います。

● (1) BPS

BPSというのは「Book value Per Share」の略で、「1株当たりの純資産」を意味します。各企業の貸借対照表に記載されている純資産の額を発行済株式総数で割ったものです。

$$BPS（1株当たり純資産）= \frac{純資産}{発行済株式総数}$$

● (2) EPS

EPSというのは「Earnings Per Share」の略で、「1株当たり純利益」を意味します。各企業の損益計算書に記載されている当期純利益の額を発行済株式総数で割ったものです。

$$EPS（1株当たり純利益）＝\frac{当期純利益}{発行済株式総数}$$

EPSの値には「確定値ベースのEPS」と「予想値ベースの
EPS」があります。当期純利益には「確定値ベース」と「予想値
ベース」があるからです。株価に影響を及ぼしやすく、投資家が注
目するのは後者の「予想値ベースのEPS」です。

● (3) ROE

ROEというのは「**R**eturn **O**n **E**quity」の略で、「自己資本（純
資産）利益率」を意味します。各企業の損益計算書に記載されて
いる当期純利益の額を、貸借対照表に記載されている純資産の額
で割ったものです。

$$ROE（自己資本利益率）＝\frac{当期純利益}{純資産}$$

ROEの値にも、EPSと同じく「確定値ベースのROE」と「予想
値ベースのROE」があります。株価に影響を及ぼしやすく、投資家
が注目するのは後者の「予想値ベースのROE」です。

日本の企業の場合、標準的な目標となるROEの水準は「8％」
といわれています。もちろん、この値は高ければ高いほどよく、8％
の2倍の16％もあれば、かなり上出来だといえます。

● (4) 自己資本比率

　この比率は、財務の健全性を見る上で最も重要なものです。次のような算式で求められます。

$$自己資本比率 = \frac{自己資本（純資産）}{総資本（総資産）}$$

　業種によって、平均的な水準は異なりますが、一般的には40%を超えていれば、財務的には健全であると考えられています。この比率は高ければ高いほど財務的な安全性が高いということになります。この比率が60%を超えていれば、かなり高いレベルの安全性を確信できます。

　逆に、この比率が20%を下回っている企業は要注意であるといえます。

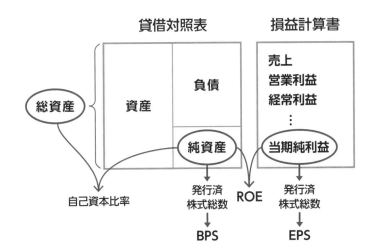

　こうしたデータは各社のHPの「決算情報」「IR情報」などのページから得られるほか、「決算プロ」というHP（http://ke.kabupro.jp/）などでも調べることができます。

　BPSなどの数字はわざわざ計算しなくても、最初から計算済みの数値が掲載されていることも多いですが、BPSやEPSといった数字が何を意味するものかということは、上の算式や図を用いて、ぜひ知っておいていただければと思います。

④-②限

銘柄選別の手法

1 銘柄選別の基本ポリシー

　ではまず、「どの銘柄の株式を買えばいいのか」について、説明したいと思います。

　銘柄選別の基本ポリシーは**「財務的に安全かつ健全な企業に絞ること」**です。それがすなわち「安全かつ健全な投資」につながるからです。そのためにいくつかの基準を設けます。

第1に、投資対象を「東証1部上場企業」に限ります。

　企業の株式を取り扱う市場には東証1部の他に東証2部、新興企業を取り扱うマザーズなどがありますが、東証2部市場と新興市場に上場している企業群は、株価形成が理論的ではないことも多いので、除外するのです。いい換えれば、東証2部市場と新興市場に上場している企業の株価は、めちゃくちゃ上がったり、めちゃくちゃ下がったりすることがあるので、最初から投資対象としないのです。

　一方、東証1部上場企業の株価は、多少の例外はありますが、長期的に見れば、ほぼ理論どおりに動きます。株はあくまで「科学」なのです。

次に、投資対象を「国際優良企業」と「財務優良企業」に絞ります。

「国際優良企業」とは私の造語で、日本を代表する国際的な大企業の中で、一定の基準を満たした優良企業のことを指します。この一定の基準については、次の②で解説します。

「財務優良企業」も同じく私の造語で、財務内容が非常に健全な企業群であり、後の③に述べる一定の基準を満たした優良企業のことを指します。

　投資対象はこの「国際優良企業」と「財務優良企業」に絞ります。

　私の研究の結果として、この2つの条件を満たす企業群こそが「安全かつ健全」であることがわかったからです。繰り返しになりますが、投資対象を「安全かつ健全な企業群だけに絞っておくこと」が「安全かつ健全な投資」の大前提となるからです。

　それでは、「国際優良企業」と「財務優良企業」のそれぞれの選別基準について、②と③で簡潔に解説しましょう。

投資対象はこの2つ

国際優良企業
日本を代表する
国際的な大企業

財務優良企業
財務内容が
非常に健全な企業

2 国際優良企業の選別基準

国際優良企業の選別基準は、以下の4つです。

> **国際優良企業の選別基準**
>
> 〈第1基準〉毎年10月31日において、東証の
>   TOPIX Core30 とTOPIX Large70
>   に該当している大企業
>
> 〈第2基準〉海外売上高比率が30％以上
>
> 〈第3基準〉1日平均の売買代金が30億円以上
>
> 〈第4基準〉BPSの値が500円以上、かつ、自己資
>   本比率が30％以上

　これらの4つの基準をすべて満たす企業を「国際優良企業」とします。

●〈第1基準〉毎年10月31日において、東証のTOPIX Core30と TOPIX Large70に該当している大企業

〈第1基準〉によって、日本を代表する大企業100社を選別対象とします。

　東証の「TOPIX Core30」と「TOPIX Large70」とは、時価総額が大きく、流動性が特に高い30社と、それに続いて時価総額が大きく流動性が高い70社の計100社を東証が選んだ銘柄群であ

り、毎年1回、銘柄入れ替えが行われて10月の第5営業日に公表されます。ですから、毎年10月の第5営業日には銘柄の見直しをすることが原則です。「10月の第5営業日」というのは、年によって日付が異なりますので、ここではキリのいいところで「毎年10月31日」を基準日としました。

●〈第2基準〉海外売上高比率が30％以上

〈第2基準〉の「海外売上高比率が30％以上」であるかどうかで、「国際的な」企業かどうかを選別しています。この海外売上高比率については、10％では少なすぎて、投資対象企業の数が多くなりすぎます。逆に、50％ですとやや大きすぎて、投資対象企業の数が少なくなりすぎます。そこで、その間を採って「30％」という数値を基準にしました。

この「海外売上高比率」は、各企業の本決算（第4四半期決算）の決算短信や有価証券報告書に「所在地別セグメント情報」の項目で載っています（たまに、「所在地別セグメント情報」を掲載していない場合もありますが、その場合は、その企業は投資対象から除外します）。

●〈第3基準〉1日平均の売買代金が30億円以上

〈第3基準〉で「1日平均の売買代金が30億円以上」という条件を設けたのは、その企業が有名かどうかを判断基準にするためです。

ある企業が「有名かどうか」というのは非常に主観的な判断によってしまいますが、「株式市場の注目度合い」というのを「有名かどうか」の基準とすれば、「1日平均の売買代金」によって客観的

に数値化して計測することができるからです。

　なぜ、有名である（1日の売買代金が大きい）必要があるかといえば、1日平均の売買代金が少ないということは、出来高が少ないということですから、まずもって、売買そのものがしにくくなるからです。また、出来高が少ない銘柄の株価は、東証2部上場銘柄や新興市場の銘柄と同じく、理論的な動きをしないことも多いのです。

　これも〈第2基準〉と同じように考えて、1日平均で10億円では少なすぎ、50億円ですとやや大きすぎるので、その間を採って「30億円」という数値を基準にしました。

　なお、本書では「1日平均の売買代金」は2019年1月1日から12月31日までの1年分の月次の売買代金を概算で求めて、それを平均することで算出しました。過去1年分の月次の売買代金は、「Ｙａｈｏｏ！ファイナンス」（URLは、https://finance.yahoo.co.jp/）で過去1年分の株価データを調べて、エクセルを駆使して求めます。

　「1日平均の売買代金」の求め方の詳細は、次のとおりです。

　まず、「Ｙａｈｏｏ！ファイナンス」で過去1年分の株価データを採ります。「Ｙａｈｏｏ！ファイナンス」で、上のウィンドウに各企業の銘柄コード（または企業名）を入力して検索すると、各企業の最初のページが出てきます。そこにあるタグの左から3つ目に「時系列」というタグがありますので、それをクリックします。すると、直近の営業日までの株価データが日足（1日ごと）で出てきます。

　そのページの下のほうに、期間を設定するところがありますので、そこで「月間」を選択して「2019年1月から12月まで」を入力し、「表示」をクリックします。

　そうやって得られた株価データを範囲選択してコピーし、エクセ

第4講 ● 投資をする前に必ず知っておいてほしいこと

157

ルの白紙のページに貼り付けます。これでデータベースの取得は終了です。

　この株価データから「1日平均の売買代金」をどうやって求めるかですが、私は以下のような順序で概数で算出しています。

　1.　毎月の（「株価の高値」＋「株価の安値」÷2）×
　　　「出来高」＝「毎月の売買代金」
　2.　「毎月の売買代金」を1月〜12月まで合計する
　3.　「毎月の売買代金」の1年間の合計額を「244」で割る
　　　（1年の営業日数は概ね244日です）

「1日平均の売買代金」を求めるのは手間がかかりますので、ひとたび算出したら、その後は2〜3年に一度計算し直せばいいと思います。

●〈第4基準〉BPSの値が500円以上、かつ、自己資本比率が30％以上

〈第4基準〉は、財務安全性の面から見た足切り基準です。BPSとは「1株当たりの純資産」です。
〈第4基準〉で、BPSの値が500円未満の企業と自己資本比率が30％未満の企業を排除しています。こうすることで、財務内容に一定の安全性を付与しているのです。

　これによって、右ページ**表2**の「国際優良企業」40社が選別されました。

表2 国際優良企業

（銘柄コード順）

No.	Code	銘柄名	No.	Code	銘柄名
1	1605	国際石油開発帝石	21	6367	ダイキン工業
2	2502	アサヒグループHD	22	6501	日立製作所
3	2802	味の素	23	6503	三菱電機
4	2914	JT（日本たばこ産業）	24	6594	日本電産
5	3382	セブン&アイHD	25	6861	キーエンス
6	3402	東レ	26	6869	シスメックス
7	3407	旭化成	27	6902	デンソー
8	4063	信越化学工業	28	6954	ファナック
9	4502	武田薬品工業	29	6971	京セラ
10	4503	アステラス製薬	30	6981	村田製作所
11	4507	塩野義製薬	31	7203	トヨタ自動車
12	4523	エーザイ	32	7267	本田技研工業
13	4568	第一三共	33	7269	スズキ
14	4901	富士フイルムHD	34	7270	SUBARU
15	4911	資生堂	35	7741	HOYA
16	5108	ブリヂストン	36	7751	キヤノン
17	6098	リクルートHD	37	7974	任天堂
18	6273	SMC	38	8035	東京エレクトロン
19	6301	小松製作所	39	8113	ユニ・チャーム
20	6326	クボタ	40	9983	ファーストリテイリング

HD = ホールディングス

第4講 ● 投資をする前に必ず知っておいてほしいこと

3 財務優良企業の選別基準

続いて、「財務優良企業」についてです。

財務優良企業の選別基準は、以下の4つです。

これらの4つの基準をすべて満たす企業を「財務優良企業」とします。

財務優良企業の選別基準

〈第1基準〉東証1部に上場している企業

〈第2基準〉純資産額が500億円以上

〈第3基準〉純資産額が1,000億円以下の企業
　　　　　は、1日平均の売買代金が1億円以上

〈第4基準〉BPSの値が1,000円以上、かつ、自己
　　　　　資本比率が60％以上

● 〈第1基準〉東証1部に上場する企業

〈第1基準〉によって、東証1部に上場する企業に絞ります。

● 〈第2基準〉純資産額が500億円以上

〈第2基準〉によって、一定額以上の純資産額を有する企業に絞ります。純資産額というのはその企業の資本金を含めた内部留保額を示していますので、大きければ大きいほど安全だと判断できます。この金額が一定額以上の企業に絞っておくことで、財務の安全性と安定性を確保します。

● 〈第3基準〉純資産額が1,000億円以下の企業は、
　　　　　　1日平均の売買代金が1億円以上

〈第3基準〉は、1日平均の売買代金の足切り基準です。前述したように、1日平均の売買代金が少ない銘柄は売買そのものがしに

くく、かつ、株価が理論的な動きをしないことが多いからです。

　そこで、純資産額が1,000億円以下の企業については、「1日平均の売買代金が1億円以上」という基準を設けました。1億円では少ないようにも思えますが、足切り基準として、やや低めに設定しました。

　なお、ここでも「1日平均の売買代金」は2019年1月1日から12月31日までの1年分の月次の売買代金を概算で求めて、それを平均することで算出しました。

●〈第4基準〉BPSの値が1,000円以上、かつ、自己資本比率が60%以上

〈第4基準〉は、国際優良企業の選別基準の〈第4基準〉と同じく、財務安全性の面から見た足切り基準です。財務優良企業の場合は、国際優良企業の基準の2倍を基準として、「BPSの値が1,000円以上、かつ、自己資本比率が60%以上」としました。

　財務優良企業の場合は、財務面での基準を国際優良企業のそれよりも一層厳格にしました。国際優良企業は、もともと日本を代表する大企業ですから、財務面での選別基準はだいぶ緩くしたのですが、財務優良企業の場合は国際優良企業よりも一層厳格にし、基準値を国際優良企業の2倍にしました。

　これによって、163〜165ページの**表3**の201社が選別されました。財務優良企業の中には、国際優良企業でもある企業が15社含まれていますので、投資対象企業群は全部で（40社＋201社－15社＝）226社になります。

この選別は2020年6月20日時点におけるものです。四半期決算が公表されるごとにデータは更新されていきますので、対象企業は厳密には四半期ごとに少しずつ変わるのですが、大ざっぱにいえば、ひとたび対象企業を選別したら、1年はそれに準拠していけばいいと思います。

　ちなみに、No.1の「NTTドコモ」がNTTに、No.94の「島忠」がDCMホールディングスに、それぞれ完全子会社化されることが2020年9月下旬〜10月上旬に発表になりました。それによって、「NTTドコモ」と「島忠」の2社は近いうちに上場廃止になるようですが、本書の原稿完成時（2020年9月中旬）の状況を反映させ、投資対象に入っています。日本経済と株式市場は生き物です。こういった急な変化はたまにありますので、留意する必要があります。

　この**表3**の詳細なデータを、巻末に付けています。実際に投資をする際は、この巻末のデータを基に進めていくことになります。

表3 財務優良企業

（純資産の額が多い順）

No.	Code	銘柄名		No.	Code	銘柄名
1	9437	NTTドコモ		41	9602	東宝
★ 2	6902	デンソー		42	8227	しまむら
★ 3	1605	国際石油開発帝石		43	1881	NIPPO
★ 4	4063	信越化学工業		44	9409	テレビ朝日HD
★ 5	6971	京セラ		45	5444	大和工業
★ 6	5108	ブリヂストン		46	5947	リンナイ
★ 7	6861	キーエンス		47	9364	上組
8	4578	大塚HD		48	7951	ヤマハ
★ 9	6981	村田製作所		49	8060	キヤノンマーケティングジャパン
★ 10	7974	任天堂		50	4114	日本触媒
★ 11	6954	ファナック		51	2875	東洋水産
★ 12	4568	第一三共		52	1721	コムシスHD
★ 13	6273	SMC		53	6806	ヒロセ電機
14	4519	中外製薬		54	6460	セガサミー HD
★ 15	8035	東京エレクトロン		55	9301	三菱倉庫
16	4661	オリエンタルランド		56	2810	ハウス食品グループ本社
17	9404	日本テレビHD		57	2801	キッコーマン
18	4581	大正製薬HD		★ 58	6869	シスメックス
19	6963	ローム		59	2670	エービーシー・マート
20	6988	日東電工		60	9766	コナミHD
★ 21	4507	塩野義製薬		61	6417	SANKYO
22	4151	協和発酵キリン		62	5463	丸一鋼管
★ 23	7741	HOYA		63	4205	日本ゼオン
24	9401	東京放送HD		64	7313	テイ・エス　テック
25	6586	マキタ		65	8282	ケーズHD
26	4528	小野薬品工業		66	4530	久光製薬
27	9843	ニトリHD		67	3626	TIS
28	4182	三菱瓦斯化学		68	6370	栗田工業
29	6645	オムロン		69	4922	コーセー
30	7276	小糸製作所		70	4684	オービック
31	7309	シマノ		71	6465	ホシザキ
32	5214	日本電気硝子		72	6592	マブチモーター
33	1944	きんでん		73	6857	アドバンテスト
34	7832	バンダイナムコHD		74	3088	マツモトキヨシHD
35	1662	石油資源開発		75	6146	ディスコ
36	6113	アマダHD		76	9684	スクウェア・エニックス・HD
37	9076	セイノーHD		77	1417	ミライト HD
38	6923	スタンレー電気		78	2206	江崎グリコ
39	4202	ダイセル		79	7984	コクヨ
40	5334	日本特殊陶業		80	4540	ツムラ

★ 国際優良企業にも該当

HD = ホールディングス

No.	Code	銘柄名
81	1941	中電工
82	4272	日本化薬
83	6965	浜松ホトニクス
84	9719	SCSK
85	1883	前田道路
86	3591	ワコールHD
87	6925	ウシオ電機
88	7278	エクセディ
89	4045	東亞合成
90	9072	ニッコンHD
91	4547	キッセイ薬品工業
92	7966	リンテック
93	8595	ジャフコ
94	8184	島忠
95	9989	サンドラッグ
96	4021	日産化学工業
97	6845	アズビル
98	2432	ディー・エヌ・エー
99	4403	日油
100	4203	住友ベークライト
101	1950	日本電設工業
102	6103	オークマ
103	4095	日本パーカライジング
104	4967	小林製薬
105	2229	カルビー
106	7862	トッパン・フォームズ
107	7222	日産車体
108	6134	FUJI
109	5451	淀川製鋼所
110	7981	タカラスタンダード
111	4023	クレハ
112	2327	新日鉄住金ソリューションズ
113	4186	東京応化工業
114	5449	大阪製鐵
115	4516	日本新薬
116	9948	アークス
117	4041	日本曹達
118	4206	アイカ工業
119	4665	ダスキン
120	4527	ロート製薬

No.	Code	銘柄名
121	3098	ココカラファイン
122	8214	AOKI　HD
123	6136	オーエスジー
124	6967	新光電気工業
125	6807	日本航空電子工業
126	7458	第一興商
127	6005	三浦工業
128	4471	三洋化成工業
129	5423	東京製鐵
130	4521	科研製薬
131	9830	トラスコ中山
132	2659	サンエー
133	4569	キョーリン製薬HD
134	8871	ゴールドクレスト
135	5946	長府製作所
136	6849	日本光電工業
137	7296	エフ・シー・シー
138	4534	持田製薬
139	9832	オートバックスセブン
140	4733	オービックビジネスコンサルタント
141	8281	ゼビオHD
142	6641	日新電機
143	4551	鳥居薬品
144	6436	アマノ
145	7729	東京精密
146	3002	グンゼ
147	6222	島精機製作所
148	7817	パラマウントベッドHD
149	3087	ドトール・日レスHD
150	5186	ニッタ
151	3191	ジョイフル本田
152	5331	ノリタケカンパニーリミテド
153	1377	サカタのタネ
154	6804	ホシデン
155	8022	美津濃
156	6349	小森コーポレーション
157	6744	能美防災
158	7864	フジシールインターナショナル
159	6737	EIZO
160	7739	キヤノン電子

No.	Code	銘柄名
161	3593	ホギメディカル
162	2815	アリアケジャパン
163	4958	長谷川香料
164	6651	日東工業
165	5988	パイオラックス
166	3201	日本毛織
167	7943	ニチハ
168	1835	東鉄工業
169	7976	三菱鉛筆
170	7581	サイゼリヤ
171	7942	JSP
172	9882	イエローハット
173	4078	堺化学工業
174	4694	ビー・エム・エル
175	6432	竹内製作所
176	1414	ショーボンドHD
177	9793	ダイセキ
178	9746	TKC
179	6118	アイダエンジニアリング
180	4917	マンダム
181	7965	象印マホービン
182	4046	大阪ソーダ
183	1926	ライト工業
184	6379	レイズネクスト
185	9672	東京都競馬
186	4008	住友精化
187	9039	サカイ引越センター
188	5310	東洋炭素
189	5541	大平洋金属
190	8155	三益半導体工業
191	6282	オイレス工業
192	6750	エレコム
193	4368	扶桑化学工業
194	5344	MARUWA
195	6999	KOA
196	6420	フクシマガリレイ
197	6140	旭ダイヤモンド工業
198	7476	アズワン
199	4812	電通国際情報サービス
200	9945	プレナス

No.	Code	銘柄名
201	6961	エンプラス

第5講

安全・確実に資産を増やす
「パッシブ投資」

この講の
ポイント

・パッシブ投資では「インカムゲインとキャピタル
　ゲインの両取り」を狙う

・原則的に配当を重視し、長期保有する

・一定の基準を満たした時には売却して利益を得
　る

⑤-①限 パッシブ投資の基本

　ではこの第5講で、パッシブ投資に関して、より具体的な手法について解説します。

　このパッシブ投資は、受取配当を軸にした長期投資の手法であり、安定高配当を実現してきている優良企業への長期の投資法であるため、損切りすることは想定していません。

　このパッシブ投資は「99％負けない投資法」であるといえます。これまでの私の実績では、このパッシブ投資は「100％負けていない」ので、「100％負けない投資法」であるといえるのですが、これまで一度も負けていないからといって、今後も「100％負けない」という保証はないので、ここでは「99％負けない投資法」と表現しました。ですから、統計的に計測して「99％」としたのではありません。これまでは100％負けなかったのですが、少しだけ遠慮して「99％」としました。

　パッシブ投資は長期投資の手法であり、長期投資というのは、株式投資の王道をいくものです。また、初心者にも適している上に、初心者とは対極をなす奥義を究めた投資家にも向いていると思います。また、いわゆる「老後のための」株式投資としても有意義なものであると考えています。

　ではさっそく、パッシブ投資の解説をしていきましょう。

　一定数以上の株式を持つ人に対して、1年に1〜2回（もしくは4回）、その企業から株主に利益の一部が支払われます。これが「配当」です（より正確には、配当の権利落ち日の3営業日前の時点で株式を持っている人が対象）。また、株価に対してどのくらいの配当が支払われるかの率を「配当利回り」といいます。株価が1,000円で配当が30円なら、配当利回りは3％となります。

　ここで解説する長期投資は、基本的にこの配当重視型の投資です。ですから、**受取配当（インカムゲイン）を中心に据えて投資するのですが、インカムゲインだけではなく、売買益（キャピタルゲイン）も考慮に入れて、それらの両取りを狙います。**

　すなわち、原則的には配当の受け取り（インカムゲイン）を中心的な目的として投資するので、長期的な投資スタンスを採ることになるのですが、ずっといつまでも保有し続けるだけではなく、一定の高値になった時には売却して、売買益（キャピタルゲイン）も実現させます。

　本講の2限にて詳しくお話ししますが、目標の配当利回りは、ざっくりいえば税込みで「3％〜5％」です。税込みの配当利回りが5％以上になるものもありますが、そういった銘柄はやや例外的なので、ここでは税込みで「3％〜5％」の配当利回りを標準的な目標と定めます。

　3％〜5％の配当を受け取りながら、比較的長期で株式を保有し、目標配当利回りのおよそ10倍、すなわちおよそ「30％〜50％」のキャピタルゲインを得られるようになったらいったん売却して、キャ

インカムゲインとキャピタルゲインの「両取り」

ピタルゲインも実現させます。

銘柄によっても異なり、長いものでは4年くらいの周期で安値と高値を往復するものもありますが、多くの場合、安値と高値の周期は往復で2年間ぐらいです。ですから期待利回りは、2年間で計算すると、

「3%〜5%」×1年 ＋「30%〜50%」＝「33%〜55%」

となります。ここでは「保有期間」を1年、「非保有期間」を1年として計算してあり、配当利回りの「3%〜5%」は保有期間である1年分だけで計算してあります（「3%〜5%」の配当を受け取れるのは、保有期間である1年分だけだからです）。

これを複利も加味して年率で換算すると、年率の利回りはおよそ「15%〜25%」となります。税引き後で「12%〜20%」です。この利回りは「売ってから次に買うまでの非保有期間」も含めた利回りです。保有期間だけの利回りにしてしまえば、「1年で33%〜55%」ということになります。

インカムゲインとキャピタルゲインの両取りを狙うことで、インカムゲインだけでは期待できない大きな利回りを期待することができる

というわけです。

　また、第1部において本田技研工業の株価推移を用いて解説したように、投資対象企業の多くは、株価が一定の幅で上下を繰り返し、長い目で見ると株価の水準が変わらないものも多いので、株式を保有し続けるだけでは、「数年後も株価水準があまり変わらない」ということも起こりがちです。その中で、比較的大きな利回りを狙う場合、インカムゲインだけではなく、インカムゲインとキャピタルゲインの両取りを狙う必要があるというわけです。

　たとえば、本田技研工業の場合、2010年6月末も2020年8月末も株価は2,750円前後の水準にあります。しかし、前にも述べたように、この間に「2,500円で買って3,200円で売る」というのを繰り返せば、税込みで28％の利回りが5回も得られるのです。

　このように、長期保有を前提としながらも、長期間に何度か安値と高値で売買を繰り返せば、配当以外にキャピタルゲインも得られるというわけです。それを狙っているのが、この「パッシブ投資」の本質です（なお、本田技研工業の場合、チャートからの判断で、「2,500円で買って3,200円で売る」としましたが、パッシブ投資の考え方ですと、また違った売買の目標株価が導出されることになります）。

2 初心者向きであり、かつ奥義を究めた投資家にも向いている

　ここで解説する長期投資の手法は、比較的簡単な理論によって構築されており、手間もあまりかからないので初心者の方でも充分

実践できるはずです。初心者の方は投資総額も少ないのが一般的なので、配当額はお小遣いみたいな金額にしかなりませんが、初心者のうちから年率の利回りが（税引き後で）12％〜20％も達成できれば素晴らしいことです。

そしてこの投資法は、奥義を究めた投資家にも向いています。「奥義を究めた」というよりも「老後を迎えたベテラン」の投資家向き、といったほうが正確かもしれません。

「老後を迎えたベテラン」の投資家は、頻繁に売買することを嫌う傾向がありますし、安定的に配当を受け取って、年金の足しにしたいというニーズもあります。そういった投資家にも向いている投資法なのです。

ただし、（第1部でも述べましたが）いわゆる「退職金デビュー」というのは、オススメできません。定年退職をして退職金をもらうまで株式投資の経験がほとんどないのに、退職金としてまとまったお金を受け取ってすぐに、投資家デビューをして大金をつぎ込むのは賢明な投資家のすることではありません。原則的に各自の経験値に合わせて、投資する金額を決めるべきでしょう。

3 本書で解説する長期投資の留意点

高配当利回りを根拠として買っていく長期投資は割安株投資の変則形のような投資法であり、長期投資でもあるため投資としての安全性も高いのですが、反面で、留意しなければならない点もあります。それは、「配当額が減額になったら、いったん仕切り直さなければならない」ということです。

配当額（配当額として注目するのは、「予想値ベース」の配当額です）が減額になった場合には、原則的に売却して、減額後の配当額を基準にして配当利回りが一定の高さになる株価（すなわち、新たな基準による安値の株価）まで下がるのを待ってから買い直すことになります。

⑤-②限 売買の手法
～長期投資の基本的な考え方～

1 長期投資の前提

　本書で解説する長期投資は、基本的に配当重視型の投資です。
ですから、投資対象を検討するにあたって重要になるのは以下の
点です。もちろん、投資対象企業は、第4講で述べた「国際優良
企業」と「財務優良企業」に限定します。

> （1）長期間、安定的に配当を支払ってきている企
> 　　業に限る
>
> （2）配当利回りを基準として買い値を決定する
>
> （3）老後には、まとまった株数を売買することにな
> 　　るので、出来高も重要な要素になる

　これらの3点について、少しだけ付言しておきましょう。

● （1）長期間、安定的に配当を支払ってきている企業に限る

　過去の配当支払い実績を調べることから始めます。できれば20

第5講 ● 安全・確実に資産を増やす「パッシブ投資」

年前（本書の執筆開始時から遡れば2000年3月期か12月期）くらいまで遡って調べられれば理想的です。そのくらい長期間にわたって配当の支払い実績が良好であることが必要です。

「配当の支払い実績が良好」というのは、増配はあっても減配したことがないのが理想ですが、リーマンショック直後の時期（2008年12月期〜2010年3月期）は例外として、減配していてもしかたがないと考えます。

また、2020年2月下旬からは、いわゆる「コロナショック」が勃発しましたので、2020年3月期の確定配当額や2021年の予想配当額は、減配になっていても仕方がないということは否めません。コロナショックは、リーマンショックと並んで「10年に一度」の大きなショックですので、そういった場合には「減配もやむなし」とします。

実際に、2020年3月期（12月決算企業は2020年6月期）には、減配になった企業が散見されました。これは仕方がないことです。ただ、リーマンショックの時に減配になった企業も、その多くがその後の数年で増配してきています。今回のコロナショックで減配になった企業でも、それまでに「配当を重視する」というポリシーを持った企業は、経済状況が回復すれば増配になることが期待できます。

なお、各企業の配当額を調べるには、各企業のHPを検索して「IR情報」のところで調べます。20年も前のデータをHPに掲載している企業は稀なので、古い配当データについては、各企業のIR担当者に問い合わせるのがいいでしょう。「御社の株主ですが（または、株主になる予定ですが）、過去の配当額を教えてください」

と電話かメールで問い合わせれば教えてくれるでしょう。それで教えてくれないような企業がもしあったら、そんな企業は、投資対象から除外すればいいだけです（私自身は東証1部上場全企業の1998年以降のデータを紙媒体で持っているので、各企業のIR担当者に問い合わせる必要はほとんどないのですが）。

●（2）配当利回りを基準として買い値を決定する

　　配当利回りは、原則として予想値ベースの配当額を基礎として計算します（予想値ベースの配当額が公表されていない場合は、やむを得ないので直近の本決算における確定値ベースの配当額を用います）。これも、各企業HPのIR情報のページなどでチェックします。

　目標とする配当利回りは、「3%～5%」です。この基準に達した銘柄が買いの候補になります。

　一般論として、優良企業の配当利回りは、3%であれば良好であり、6%というのは異常に高い水準であることが知られていますので、目標の配当利回りを「3%～5%」としたのです。

　コロナショックで株価が大暴落し、日経平均株価が最安値圏にあった2020年3月19日の時点では、投資対象となる企業の中にも、配当利回りが7%以上になったものがあります。やはりこの時期の株価の下落の度合いは異常だと思いますが、配当利回りが7%に達しているような場合には「減配を予知して株価が先行して下がっている」ということもあり得るので警戒が必要です。

● (3) 老後には、まとまった株数を売買することになるので、出来高も重要な要素になる

　老後というのを、本書の第1部では「本業をしなくなった以降の時期」と定義しましたが、ここでは仮に「70歳以降」と定義します。**老後における運用資産総額の理想は「2億円」です。** 巨額すぎると思われる方もいらっしゃるかと思いますが、理想は高く持ったほうがよいので、ここではあえて2億円としました。また、現時点で50歳未満の方であれば、70歳というのは20年以上先のことですから、このくらい目標を高くしても充分に実現可能だと思います。

　スタート時は1銘柄でよいのですが、最終的には投資対象は4～6銘柄くらいに分散しておくのがよいでしょう。2～3銘柄では「分散投資」の理想からすると、やや少ないですし、7銘柄を超えると注意力が散漫になりますので、「4～6銘柄くらいに分散しておくのがよい」というわけです。

　そうすると、1銘柄あたりの投資額は最大で4,000万円～5,000万円となります。1株の株価を概ね2,000円とすると、株数は「2万株～2万5千株」となります。

投資銘柄は4つくらいに分散

最終的には各銘柄2万～2万5,000株くらいを目指す

　配当利回りが高くなる時というのは、株価が相対的に安値圏にある時です。そういった安値を狙って株を買う場合、何回にも分けて

丹念に買い下がっていくことが多いですから、買う場合には意外と出来高のことは心配しなくてもいいことが多いのですが、問題は売る時です。

　売る場合には、目標の高値圏になったら、比較的まとまった株数を売りに出さないと、うまく売ることができないことが多いのです。たとえば「2万株」を売る場合、できれば一気に売りたいのですが、一気に売ると株価が下がってしまうことが懸念される場合には、「1万株ずつ2日に分けて売る」ことも視野に入れることになります。1日に1万株をうまく売ろうと思った場合には、その銘柄の1日の出来高は少なくとも5万株は欲しいところです。

　ですから、**「1日の出来高が5万株以上」**というのが、パッシブ投資の銘柄選別の基準の1つになります。

2　安定高配当銘柄の選別基準

　以上を踏まえ、パッシブ投資の投資対象企業の絞り込み基準は、次の5つです。

> （1）過去20年間の配当額が安定的（リーマンショック直後の2009年とコロナショック直後の2020年を除く）
>
> （2）安定株主比率が25％以上
>
> （3）配当額が高額（1株当たり30円以上）で、配当額のブレが少ない

　これら5つの項目について、重要な点を解説します。

　なお、「配当性向」とは、利益（EPS）のうちの何％を配当に
充てているかという比率のことをいい、高ければ高いほど「株主へ
の利益還元を重視している」ことを意味します。

● (1) 過去20年間の配当額が安定的(リーマンショック直後の 2009年とコロナショック直後の2020年を除く)

　「過去20年間において配当額が安定的」というのが重要な条件
です。「安定的」というのは、リーマンショック直後の2009年とコ
ロナショック直後の2020年を除いて、配当額が増額されることは
あっても減額されることがなく、横ばいか上昇しかしてこなかったと
いう状態をいいます。ここでは安定配当を重視するため、このような
基準を設けました。

　陥りやすい間違いは、**一時的に配当額が増額されて、それによ
って配当利回りが高くなった銘柄を「今、配当利回りが高いから」
ということを根拠に買ってしまう**ことです。配当を根拠に投資する
のであれば、長期にわたって「配当額が安定的」であるということ
が重要なのです。

　一時的に配当額が増額され、それを根拠に買ってはいけないと

いう事例として、極端な例を挙げます。それは「日産自動車（7201）」です。「日産自動車」は2018年11月にカルロス・ゴーン元会長の問題が発覚したので、そもそも投資対象にすべきではありませんし、事例としては極端ではありますが、「陥りやすい間違い」の例として取り上げます。

　ゴーン氏の不祥事が発覚する前から、この「日産自動車」の配当額はもともと「不安定」だったのです。次の表をご覧ください。

「日産自動車」のEPSの値と配当額の推移
(2020年5月28日　決算短信公表時点)

	EPS	配当額	配当性向
2008年	117.8円	40円	34.0%
2009年	−57.4円	11円	赤字
2010年	10.4円	0円	0%
2011年	76.4円	10円	13.1%
2012年	81.7円	20円	24.5%
2013年	81.7円	25円	30.6%
2014年	92.8円	30円	32.3%
2015年	109.2円	33円	30.2%
2016年	125.0円	42円	33.6%
2017年	165.9円	48円	28.9%
2018年	191.0円	53円	27.7%
2019年	81.6円	57円	69.9%
2020年	−171.5円	10円	赤字

※赤字の年は配当性向は算出しません

　この「日産自動車」の事例は、どこがダメかというと、次の3点が挙げられます。

ダメな点1．配当額が安定していない。

　この13年間だけでも、配当額が40円からゼロになり、57円になり、10円になっています。

ダメな点2．配当額が利益（EPS）に比例してしまっている。

　リーマンショックがあった2008年9月を含む2009年3月期に赤字になって、配当を減額し、その翌年（2010年3月期）に配当額をゼロにしたのはやむを得ないとしましょう。それにしても、配当額をリーマンショック前の水準（表中の2008年の40円）に戻すまでに8年もかかっています。

　そして、配当性向の値を見ると、2013年3月期から2018年3月期までの6年間は、「30％±3.6％」の範囲に収まっています。「配当性向30％」を概ね実現しているのは、企業経営としてはよいことかもしれませんが、「配当額が利益（EPS）に比例してしまっている」というのは、「配当の安定性」という重要な観点から考えると、あまり歓迎できないのです。利益（EPS）の値というのは、必ずしも安定的であるとはいえないからです。

　この事例の2010年から2018年のように、利益が増えているうちはいいのですが、「配当額が利益（EPS）に比例してしまっている」ということは、利益が減ったら配当も減額してしまうということを意味するのです。安定した配当の受け取りをあてにしている場合には、これはありがたくありません。

　現に、2020年3月期は、カルロス・ゴーン元会長による不祥事があったこともあって、大幅な赤字に陥っており、それに伴って、57円から10円に大幅な減配になっています。2021年3月期の予想配当の額は0円になっています。

ダメな点3．無理矢理な配当をしているのが見え見えである。

上にも述べたように、カルロス・ゴーン元会長の不祥事が発覚したのは2018年11月です。そして、2019年3月期における年間57円の配当が確定したのは2019年6月です。しかも、2019年3月期の利益（EPS）は、前年度の191.0円から一気に81.6円まで減少しており、配当性向が69.9％に跳ね上がっています。それまで6年もの間、「配当性向30％」を維持してきた企業としては、この2019年3月期における年間57円の配当額はあまりにも不自然です。ですから、この2019年3月期における高配当（年間57円）は、「あてにならない」と考えられるのです。

　別の角度からも検証します。2019年3月期において予想配当額を年間57円と発表したのは2018年5月14日です。そして、この時点におけるEPSの予想値は127.9円でした。これと同時に配当性向が44.6％と発表されたのですが、この時点で怪しいと気づくべきでしょう。「なぜ、配当性向をいきなり44.6％まで引き上げているの？」と。

　2018年5月14日の株価（終値）は1,116円でしたから、予想配当額が57円だと5.1％もの配当利回りになりますが、この高い配当利回りについては、「あてにならない」という兆候がたくさん出ていますので、投資対象としないことが賢明です。

　結果論的に、カルロス・ゴーン被告が国外逃亡したから、こういった批判的な見解を述べているのではありません。ここにお示しした定量的な（＝EPSや配当の額といった数量的な）面からも、パッシブ投資銘柄としては不適格であるというサインが出ていたということを説明したかったのです。ただ単純に「**有名な大企業なのに、配当利回りが高いからチャンスだ**」と考えるのは早計なのです。

繰り返しになりますが、過去20年分の配当実績を調べて、少なくともリーマンショック以降の10年以上の期間において配当額が安定的であることを確認しなければならないということをご理解いただければと思います。

　第1講でも例として挙げた「武田薬品工業」は「配当額が安定的である企業」の代表例です。2009年3月期から2020年3月期まで10年以上にわたって「180円」という高水準の配当を継続していますし、コロナショックを経ても2020年7月31日の第1四半期決算発表の時点では減配は予定していません。

● (2) 安定株主比率が25%以上

　安定株主とは、その企業の経営者や従業員、あるいは金融機関や取引先企業など、長期にわたってその株を保有すると考えられる株主のことです。この安定株主比率は高ければ高いほど、配当額の安定度も高くなります。安定株主が配当の減額を嫌がるからです。そういった「減配への抵抗勢力」は多ければ多いほど安心です。

　安定株主比率を調べるには、『会社　四季報』（東洋経済新報社）等の資料集で各企業の株主構成を見ます。また、ネット証券会社によっては、個別企業のページで「四季報」として情報が掲載されている場合もあります。

● (3) 配当額が高額（1株当たり30円以上）で、 配当額のブレが少ない

　「配当額が高額（1株当たり30円以上）であること」というのは、次のような理由によるものです。

　たとえば、1株当たりの配当額が20円で、株価が400円の銘柄

があるとします。この銘柄の配当利回りは5.0％になります。かなり高い配当利回りなのですが、こういった「株価が低位に放置されていて、そのせいで配当利回りが高い」という状態は、経験的に見て、株価・配当額ともに非常に不安定なことが多いのです。そこで、「1株当たりの配当額が30円以上であること」というのを1つの目安としました。

　また、「配当額のブレが少ない」というのは、過去10年から20年の配当額を調べて、並べてみて「ブレが少ない」という状態であればOKということです。この「配当額のブレが少ない」というのは、上の（1）に述べた「配当額が利益（EPS）に比例してしまっている」ということと反対の概念で、利益（EPS）の額が多少ブレていても、それに比例して配当額がブレてしまわないということを意味します。

「ブレが少ない」というのは、正確にいえば「標準偏差の値が、たとえば平均値の5％以内」といったような数値的な定義が必要になりますが、そういった統計的な数値を求めるのはなかなか困難なので、パッと見た「見た目の」ブレが少なければOKとします。

● （4）国際優良企業 —— 配当性向が20％以上

　投資対象企業が「国際優良企業」の場合、配当性向が20％以上かどうかをチェックします。配当性向が高いということは、「株主への利益還元を重視している」ということを意味します。逆に、配当性向が低いということは、「株主への利益還元を軽視している」ということになります。そこで、配当性向の足切りラインの目安を「20％以上」としました。

● (5) 財務優良企業 ──1日の出来高の平均値が
　　　　　　　　　　　　　　概ね5万株以上

　投資対象企業が「財務優良企業」の場合、1日の出来高の平均値が概ね5万株以上という基準を設けました。パッシブ投資については、配当額を主軸にした投資であるため、最終的には2万〜2万5,000株くらいまで買い進むことを想定しています。1日の出来高があまりに少ないと、売る時になかなか思いどおりの株価で売り切ることができなくなってしまうからです。

　なお、国際優良企業の場合は、1日の出来高は充分に多いので、この出来高基準は設けず、その代わりに配当性向の基準を導入しています。

● 重要な留意点

　さて、次の3限で、いよいよ「パッシブ投資の対象銘柄と買い値の決定」について見ていきますが、あらかじめ重要な留意点について述べておきます。

　それは、3限の内容は、まず「日経平均株価の水準が高値圏の時」を想定して書いてあり、後半で「日経平均株価の水準が安値圏の時」について書いてあるということです。

　すなわち、「日経平均株価の水準が高値圏の時」を2020年2月下旬から始まった「コロナショックによる暴落の前」と定義して、具体的には2020年1月17日時点におけるデータを基に述べていきます。2020年1月17日の日経平均株価の水準はおよそ「24,000円」で、かなりの高値圏です。

　そして、後半で2020年2月下旬から始まった「コロナショックによる暴落の後」、具体的には2020年3月27日時点を「日経平均

株価の水準が安値圏の時」として、2020年3月27日時点のデータを基にして、「株価暴落後の対応」について述べていきます（2020年3月27日というのは、2020年3月期の配当の権利付き最終売買日なので、この日を基準にしました。2020年3月27日時点の日経平均株価の終値は「19,389円」です）。

なぜこのような一見ややこしい構成にしたかといいますと、2020年3月27日の（＝日経平均株価が19,300円台の時の）データだけに基づいて解説してしまうと、後から読んだ時に、「そりゃ、このくらい安くなってから買っていれば、いいに決まっているよね。高値圏の時に買っていたら、どうしたらいいの?」ということになってしまい、再現性がなくなってしまうからです。

パッシブ投資の手法は、日経平均株価が安くなっている時だけに通用する手法ではないので、あえて最初に、「日経平均株価の水準が高値圏の時」を想定したアプローチを解説します。

もっとも、2020年3月以降は、日本中に「コロナ不況」が吹き荒れていますから、これから先、もっと安くなるかもしれません。株価の先行きについて断定できるのは神様だけですから、なんともいえません。今後、株価がどうなるかは誰にもわからない以上、どちらについても触れておく必要があると考えたからです。

ただ、この時点でいえることは、過去の事実として、2017年4月下旬〜2020年3月上旬までの約3年間は日経平均株価がおよそ19,000円前後〜24,400円台のレンジにあったので、これを「平時」と定義できるということです。

そして、この「平時」の中でも、日経平均株価の水準がおよそ「24,000円」であった時（2020年1月17日時点）を「かなりの高

値圏」と位置づけて、そういった時期におけるデータに基づくアプローチを「日経平均株価の水準が高値圏の時」として前半で述べていきます。

　そして、日経平均株価が19,000円以下の水準を「日経平均株価の水準が安値圏の時」と位置づけています。

　最初に結論をいってしまえば、このパッシブ投資は、日経平均が高値圏にある時も、安値圏にある時も、どちらの場合も通用する手法だということです。ただし、高値圏にある時と安値圏にある時では、注意すべき点が異なります。それについて留意しながら次をお読みください。

⑤-③限 パッシブ投資の対象銘柄と買い値の決定

1 日経平均株価の水準が高値圏の時

● 目標利回りは「3.75%」

さて、177ページに掲げた5つの条件を満たす企業を次の2つの表に示しました。**表4**が国際優良企業で23社あり、**表5**が財務優良企業で8社あります（合計31社）。

ここでの分析調査は、この原稿を書いている2020年1月17日時点のデータにおけるものです。少々古いように思われるかもしれませんが、**大事なことは「今、何が買いか」ではなく、「常に買いの銘柄を探すことができるノウハウを体得すること」なのです。**特にパッシブ投資は、投資期間が長く、何年も先になっても的確に投資対象を探し出すチカラが必要になります。ですから、「今、何が買いか」という「サカナ」を今すぐ得ようとするのではなく、「常に買いの銘柄を探すことができるノウハウを体得すること」という「サカナの釣り方」を体得してしまうことが重要なのです。

そして、このパッシブ投資における目標配当利回りは、全般的にいえば、**「3.75%以上」**です。

表4 安定配当企業(国際優良企業版)

No.	Code	銘柄名	決算月(注1)	今期予想配当(注2)	直近の配当性向	安定株主比率(注3) 25%以上	2018年初来安値(A)
1	4568	第一三共	3	70	63.0%	31.8%	2,994
2	4523	エーザイ	3	160	59.7%	37.0%	5,205
3	4502	武田薬品工業	3	180	赤字	27.6%	3,401
4	7741	HOYA	3	*90*	28.0%	28.9%	5,148
5	6971	京セラ	3	160	46.4%	36.2%	5,127
6	2802	味の素	3	32	35.0%	35.6%	1,624
7	4063	信越化学工業	3	220	29.1%	34.1%	7,982
8	7751	キヤノン	12	*160*	122.3%	38.4%	2,687
9	3407	旭化成	3	36	34.1%	26.1%	901
10	6981	村田製作所	3	94	35.4%	36.9%	4,304
11	4901	富士フイルムHD	3	95	25.1%	33.9%	4,025
12	6594	日本電産	3	55 / 60	33.8%	38.4%	11,405
13	7267	本田技研工業	3	112	29.6%	30.7%	2,733
14	4911	資生堂	12	60	31.7%	31.3%	5,254
15	8113	ユニ・チャーム	12	28	26.3%	48.2%	2,767
16	6301	小松製作所	3	110	48.3%	28.2%	2,240
17	6326	クボタ	12	17 / 19	30.4%	37.1%	1,470
18	7203	トヨタ自動車	3	*100 / 120*	28.9%	46.6%	6,045
19	6902	デンソー	3	140	35.6%	56.6%	4,081
20	6367	ダイキン工業	3	160	24.2%	26.8%	10,900
21	4503	アステラス製薬	3	40	41.4%	30.6%	1,356
22	2914	JT(日本たばこ産業)	12	154	74.6%	58.6%	2,179
23	5108	ブリヂストン	12	160	40.1%	38.6%	3,888
				平均	41.0%	35.4%	

注1:決算月が3月でないものに色かけしてある。

注2:今期予想配当額は年額であり、たとえば「55 / 60」という表記は、上半期の配当額が55円で下半期の配当額が60円であることを示す。なお、予想配当額が公表されていない場合は、直近期の確定値を採用し斜体にしてある。

注3:安定株主比率は、大株主10位以内に占める「経営者一族・親会社・金融機関・保険会社・ファンドトラスト・持株会」の割合。35%以上のものにアミカケ。

期待配当利回り (注4)	(A)以後の高値	上昇率	期待配当利回りに基づく目標株価	目標配当利回り	ナンピン買いの株価	備考
2.3%	7,562	153%	-	-	-	期待配当利回りが低い 2020年1月17日現在、高値圏
3.1%	8,456	62%				期待配当利回りが低い
5.3%	4,562	34%	3,600	5.00%	3,400	期待配当利回りは高いが、予想EPSが大幅な赤字のため、当面は見送り
1.7%	10,820	110%				確定値(90円)の期待配当利回りが低い 2020年1月17日現在、高値圏
3.1%	7,745	51%	-	-	-	期待配当利回りが低い
2.0%	2,088	29%	-	-	-	期待配当利回りが低い
2.8%	12,585	58%	-	-	-	期待配当利回りが低い
6.0%	3,338	24%	3,000	5.33%	2,700	当面の投資の検討対象
4.0%	1,295	44%	960	3.75%	650	期待配当利回りは高いが、2020年1月17日現在、高値圏
2.2%	6,890	60%	-	-	-	期待配当利回りが低い
2.4%	5,854	45%	-	-	-	期待配当利回りが低い
1.0%	16,835	48%	-	-	-	期待配当利回りが低い
4.1%	3,290	20%	2,850	3.93%	2,450	当面の投資の検討対象
1.1%	9,250	76%	-	-	-	期待配当利回りが低い
1.0%	3,892	41%	-	-	-	期待配当利回りが低い
4.9%	2,903	30%	2,500	4.40%	2,250	当面の投資の検討対象
2.4%	1,820	24%	-	-	-	期待配当利回りが低い
3.6%	7,949	31%	6,100	3.61%	5,000	期待配当利回りが低い
3.4%	5,174	27%	4,330	3.23%	3,900	期待配当利回りが低い
1.5%	16,275	49%	-	-	-	期待配当利回りが低い
2.9%	1,917	41%	-	-	-	期待配当利回りが低い
7.1%	2,555	17%	2,300	6.70%	2,200	当面の投資の検討対象
4.1%	4,734	22%	4,000	4.00%	3,600	当面の投資の検討対象
3.0%		46%		4.44%		

注4:この「期待配当利回り」は2018年初来安値(A)に基づいて算出したものである。
表4と表5の配列は、総合的に見た配当の安定度が高い順。

表5 安定配当企業（財務優良企業版）

No.	Code	銘柄名	決算月 (注1)	今期予想 配当(注2)	出来高 5万株以上	安定株主 比率(注3) 25%以上	2018年 初来安値 (A)
1	6417	SANKYO	3	150	307,700	54.7%	3,395
2	6222	島精機製作所	3	20 / 25	155,900	33.1%	2,356
3	6737	EIZO	3	110	66,900	25.4%	3,205
4	5463	丸一鋼管	3	40 / 67.5	311,100	41.8%	2,530
5	6988	日東電工	3	200	70,100	34.7%	4,643
6	6592	マブチモーター	12	67 / 68	429,800	26.8%	3,130
7	9830	トラスコ中山	12	37	75,900	48.0%	2,192
8	8184	島忠	8	100	58,700	46.5%	2,292
					平均	38.9%	

注1：決算月が3月でないものに色かけしてある。
注2：今期予想配当額は年額であり、たとえば「55 / 60」という表記は、上半期の配当額が55円で下半期の配当額が60円であることを示す。なお、予想配当額が公表されていない場合は、直近期の確定値を採用し斜体にしてある。
注3：安定株主比率は、大株主10位以内に占める「経営者一族・親会社・金融機関・保険会社・ファンドトラスト・持株会」の割合。40%以上のものにアミカケ。

5-1限では「税込みで3%〜5%」としましたが、ここで「3.75%以上」と定義し直したのは、次のような理由によります。

「3.75%」というのは、配当に対する源泉税（所得税と住民税で20%。復興特別所得税は端数なので、ここでは度外視します）を差し引いた手取りの利回りが3%になる水準です。そして、「手取りの利回りが3%」というのが、1つの適正な目標水準だからです。2019年度における東証1部全銘柄の配当利回りの加重平均が税込みで「2.40%」、手取りで「1.92%」です。この水準の1.5倍程度を期待したいので、「手取りの利回りが3%」というのを適正な目標水準としました。

期待配当 利回り (注4)	(A) 以後の 高値	上昇率	配当利回 りに基づく 目標株価	目標配 当利回 り	ナンピ ン買い の株価	備考
4.4%	4,810	42%	3,600	4.17%	3,450	当面の投資の検討対象
1.9%	2,880	22%	-	-	-	期待配当利回りが低い
3.4%	4,430	38%	3,300	3.33%	2,600	期待配当利回りが低い
4.2%	3,255	29%	2,700	3.98%	2,550	期待配当利回りは高いが、 2020年1月17日現在、高値圏
4.3%	6,500	40%	5,000	4.00%	4,500	期待配当利回りは高いが、 2020年1月17日現在、高値圏
4.3%	4,670	49%	3,375	4.00%	3,150	期待配当利回りは高いが、 2020年1月17日現在、高値圏
1.7%	2,991	36%	-	-	-	期待配当利回りが低い
4.4%	3,270	43%	2,500	4.00%	2,300	期待配当利回りは高いが、 2020年1月17日現在、高値圏
3.6%		37%		3.91%		

注4：この「期待配当利回り」は2018年初来安値(A)に基づいて算出したものである。
表4と表5の配列は、総合的に見た配当の安定度が高い順。

　ですから、「手取りの利回りが3％以上」になることを目標にする
ためには、税込みの目標配当利回りは、**「3.75％以上」**としておか
なければならないのです。

　さて、まずは、177ページで述べた5つの条件を満たす31銘柄
の中から、「期待配当利回り」が「3.75％以上」のものを抽出しま
す。「期待配当利回り」とは、昨年来安値で計算した配当利回りで
す。前年の年初以降の株価の実績から、この水準の配当利回りな
ら期待できるというわけです。

$$\text{期待配当利回り} = \frac{\text{配当金額}}{\text{昨年来安値}}$$

この「期待配当利回り」は、昨年来安値で計算した配当利回りなので、いわゆる「直近の大底の株価」で計算した配当利回りです。ですから、その株価までは下がらないとしても、それを参考にしつつ、それに近い株価で「目標株価」を決めます。それが、表4と表5の右から4列目にある「配当利回りに基づく目標株価」です。

これらの条件を満たした企業の株価がこの目標値に到達した時、それがその株の買いのチャンスなのです。

さらには、昨年来ではなく、過去5年間の株価チャートを見て、一番低い株価を探します。株価チャートとは過去の株価の推移をグラフ化したもので、各種株式サイトでチェックすることができます。

そして、過去5年の株価の最安値を、表4と表5の右から2列目にある「ナンピン買いの株価」の欄に記入します。「ナンピン買い」とは、株価が下落した際にさらにその株価を買い増す手法のことで、こうすることで、持っている株式の買い値の平均単価を下げることができます。

もちろん、そのまま株価が上昇しなければ損が増えることになるのですが、ここで取り上げた銘柄はすべて、再び株価が上昇することが見込まれる優良企業です。それでも、過去5年の最安値の水準程度に株価が下落することは考えられるので、そうなった場合は、できれば最初に買った株数と同じかそれ以上の株数でナンピン買いを実行するのが適切です。そのための基準値を表に書き込んでおくわけです。

● 投資企業の絞り込み

2020年1月17日の時点では、期待配当利回りが3.75％以上で、

「当面の投資の検討対象」となる企業が6社と、「期待配当利回り
は高いが、2020年1月17日現在、高値圏」にある企業が5社あ
ります。表4と表5の一番右の列にある「備考」の欄に、そのよう
に記載してあります。これらの11社をまとめ直したのが**表6**です。

　表6の配列は、配当利回りに基づく目標株価との乖離率の昇べ
きの順になっています。すなわち、この表6は、2020年1月17日に
おいて、それぞれの銘柄の株価が買いのチャンスに近い順に並ん
でいるということです。そして、ブリヂストンから本田技研工業まで
の6社が、その株価と「配当利回りに基づく目標株価」との乖離率
が一桁%なので、「株価が買いのチャンスに近い」といえます。

　ただし、ここで重要なことがあります。それは、原稿執筆時点で
はたまたまこの6社が買いのチャンスに近い株価だというだけで、
半年もすれば残りの5社も買いのチャンスに近い株価になってくる
可能性があるということです（逆に、今、買いのチャンスになって
いる企業の株価は上がってしまうこともあります）。実際に、2020年
1月17日からおよそ半年後の2020年7月20日においては、旭化
成とマブチモーターも買いのチャンスになっています。

　さはさりながら、ここでもやはり「サカナ（＝今、買いなのはど
の銘柄か）」ではなく、「サカナの釣り方（＝買いの銘柄の見つけ
方）」のほうを意識してください。つまり、「どの銘柄が買いのチャン
スなのか？」よりも、**「買いのチャンスを見つける方法は、どう
いうものなのか?」**のほうに力点を置いて体得していただければ、
自分で上手に「サカナ」が釣れるようになります。つまり、どんな状
況下においても、数字を分析することで買うべき銘柄とそのタイミン
グがつかめるようになるのです。

表6 2020年1月17日の時点で投資対象として 有望な安定配当企業

	類別	Code	銘柄名	決算月	今期予想配当	2018年初来安値	期待配当利回り(注1)	配当利回りに基づく目標株価
1	国際	5108	ブリヂストン	12	160	3,888	4.12%	4,000
2	国際	7751	キヤノン	12	160	2,687	5.95%	3,000
3	国際	2914	JT	12	154	2,179	7.07%	2,300
4	財務	6417	SANKYO	3	150	3,395	4.42%	3,600
5	国際	6301	小松製作所	3	110	2,240	4.91%	2,500
6	国際	7267	本田技研工業	3	112	2,733	4.10%	2,850
7	財務	5463	丸一鋼管	3	107.5	2,530	4.25%	2,700
8	国際	3407	旭化成	3	36	901	4.00%	960
9	財務	6988	日東電工	3	200	4,643	4.31%	5,000
10	財務	8184	島忠	8	100	2,292	4.36%	2,500
11	財務	6592	マブチモーター	12	135	3,130	4.31%	3,375

注1:この「期待配当利回り」は2018年初来安値(A)に基づいて算出したものである。
配列は、配当利回りに基づく目標株価との乖離率の昇べきの順

● 決算月は大事だが、意識しすぎてはいけない

　さて、ここからは、この表6の見方について概括的に解説しておきます。表6は重要な表なので、詳しく見ておきます。

　「類別・Code・銘柄名」の右の列に「決算月」を示しています。多くの企業は3月決算であり、この表でも6社は3月ですが、12月が4社と、それ以外が1社あります。パッシブ投資は、配当の受け取りを重視しているため、「決算月」も意識します。最初に買う時に、「直近ではいつ配当を受け取れるのか」を確認することも必要だからです。

　ただし、ここでも重要なことがあります。それは、**「配当の受け取りを過度に重視しすぎない」**ということです。このことについて、こ

目標配当 利回り	株価 (注2)	実際配当 利回り	配当利回りに 基づく目標株 価との乖離率	ナンピン 買いの 株価	定性的要因
4.00%	4,015	3.99%	0.4%	3,600	
5.33%	3,078	5.20%	2.6%	2,700	
6.70%	2,414	6.38%	5.0%	2,200	たばこ産業
4.17%	3,800	3.95%	5.6%	3,450	パチンコ産業
4.40%	2,652	4.15%	6.1%	2,250	
3.93%	3,059	3.66%	7.3%	2,450	
3.98%	3,135	3.4%	16.1%	2,550	
3.75%	1,187	3.0%	23.6%	650	
4.00%	6,210	3.2%	24.2%	4,500	
4.00%	3,135	3.2%	25.4%	2,300	
4.00%	4,260	3.2%	26.2%	3,150	

注2:株価は2020年1月17日の終値。

こでもう少し詳しく述べてみます。

> 配当利回りを基準にはしているが、
> 配当の受け取りを過度に重視し過ぎないこと!

　パッシブ投資は、「高い配当利回り」を基準にしています。その理由は主に次の2つです。

　1つ目の理由は、「配当利回りが高い」ということは、すなわち、「株価が割安だ」ということを意味するからです。優良企業の株式が割安な時は、「買い!」なのです。

2つ目の理由は、優良企業の株式を買う時に、「手取りで3％以上の配当利回り」を確保しておけば、最悪の場合、すなわち保有期間が1年とか2年かかったのに売却損益がプラスマイナスゼロ近辺になってしまった場合でも、「手取りで3％かそれ以上」の運用利回りを得ることができるからです。「手取りで3％かそれ以上」の運用利回りというのは、実は結構いい利回りです。売却益が得られなくても「手取りで3％かそれ以上」の運用利回りが得られれば、まぁいいかな、という感じです。

　このように、配当利回りを基準にして銘柄選別をしているのに、配当を受け取ることに過度にこだわってはいけないというのは、一見、矛盾しているようにも思えます。そこで、それはどういうことかを説明するために、次の2つの「ダメなケース」で説明します。

● ダメなケース1. もう高いのに売らないのはダメ

　たとえば3月決算企業の株価が、3月26日に売りの目標株価になったとします（売りの目標株価については5－4限で詳述します）。そして、下半期の配当額が1株当たり100円で、翌日の3月27日に配当の権利が付くとします。すなわち、3月27日の午後3時にその株を保有していれば、1株当たり100円の配当がもらえるとします。

　そうすると、人間の心理として、「あと1日保有していれば、1株当たり100円の配当ももらえるのだから、売らないでおこうかな」という気持ちになりがちです。しかし、そこは割り切って、3月26日か27日に売りの目標株価で売るべきです。その理由は次の3つです。

理由1

この事例の場合、3月27日の午後3時までにその株を売らなければ、配当はもらえますが、その代わりに、3月27日の翌営業日には理論的には配当の金額（この例では1株当たり100円）だけ下がった株価からスタートします。つまり、配当はもらえても、その分株価が下がるので、同じことになるのです。ですから、配当をもらうことにこだわる必要はないのです。

理由2

よくあることなのですが、配当をもらいたいがために、配当の権利が付く日（この事例では3月27日）に向けて株価が高くなりやすいのです。ということは、そこが絶好の売り時になることが多いのです。大衆の心理の裏を行かなければいけません。

理由3

そして、これもよくあることなのですが、配当の権利が付く日の翌日（この事例では3月27日の翌営業日）からは、（上の理由1に述べたように）配当の金額だけ株価が下がったついでに、その勢いで、もっと株価が下がることが多いのです。「もう配当は付かないんだよね」ということで、人気が落ちるからかもしれません。ということは、その前に売っておいたほうがいいでしょう。

● **ダメなケース2. 配当を言い訳にしてはいけない**

　よく聞くのが、保有株を適時・適切に売りそこねてしまった時に、「配当がしっかりもらえるから、保有していてもいいんだよね」という言い訳です。これはダメなケースです。たしかに「安定高配当」を

理由に買い始めたわけですが、**売るべき時には「配当なんか無視して」ちゃんと売らなければいけません。**

　配当というのは確かに、その利回りの高さが「買いの根拠」にはなりますが、「売らない理由」にはならないのです。売りの目標株価になったり、想定外の悪材料が飛び出したりして、売るべき時が来たら、さっさと売るのが鉄則です。

　ここで、配当の受け取りに対する考え方を整理してみましょう。

　配当額が高いことは、配当を受け取るわれわれ個人株主からすると嬉しいことです。しかし、高値（目標の売り値）になっているのに「売らない理由」にしてはいけないのです。目標の売り値になったら、配当額が高くてもそのことにはこだわらずに、さっさと売りましょう。

　一方で、配当額が高い、すなわち、買った時の配当利回りが高いということは、目標の売り値になるまでに時間がかかってしまった場合には、1つの「安心材料」にはなります。

　たとえば、年間の配当額が安定的に200円ある企業の株を5,000円で買ったとします。配当利回りは4％です。そして、この銘柄の目標の売り値を7,000円とします。

　この企業の株価が下がってしまい、4,500円前後でずっと低迷してしまったとします。そういった場合には、1年とか2年とかの長期で保有して、株価が目標の売り値（もしくは最低でも買い値以上）になるまで待つことになります。この時にこそ、配当利回りが高いということが「安心材料」になるので、長期保有の理由（悪くいえば「言い訳」）にしてもよいということになります。

　つまり、配当額が高いとか、配当利回りが高いというのは、高値

の時に保有を継続する言い訳にしてはならないのですが、安値が続いた時には、最低限の安心材料にはなる、というわけです。想定以上に株価が低迷してしまった場合にも、最低でも「3％〜5％」の利回りは得られそうなので、「無理な損切りはせずに、じっくり構えるか」と考えられるようになります。これにより、結果的に成功へと導かれることが多いのです。

　なお、**もっとダメなのが、「株主優待を理由にすること」**です。保有株を適時・適切に売りそこねてしまった時に、「株主優待を楽しみにしているので」という言い訳をするのは、いかにも心情的に訴えるものがありますが、シビアにいってしまえば、完全に「素人の言い訳」です。

　株主優待というのも、配当の一部です。ということは、配当を「売るべき時に売れなかったことに対する言い訳」にしてはいけないわけですから、株主優待を言い訳にするのも合理的ではありません。いかにも心情的に訴えるものがあるだけに、配当を言い訳にするより、もっとダメだと思うのです。

「株主優待」について

　ここで、「株主優待」に関する私の信条について述べてみます。

　「株主優待」というと、桐谷さんが有名です。株主優待はたしかに、上手に利用すればお得ではあります。しかし、株主優待を不適当な長期保有の言い訳にするのはよくないですし、「株主優待」に振り回されるのもどうかと思います。

　そして、何よりも本質的なことは、「株主優待も、配当の一部だ」ということです。つまり、現金価値に換算して、それを配当に加算して考えるのが適切です。

　株主優待の例を挙げればキリがないのですが、たとえば、名古屋が発祥の地である「木曽路（8160）」という企業を例にします（「木曽路」は、しゃぶしゃぶ料理で有名な飲食店を展開する企業です）。

　2019年12月20日付けの情報では、この企業の株主優待は次のようになっています。

・保有株数100 ～ 400株　1,600円相当の食事券
・保有株数500 ～ 900株　8,000円相当の食事券
・保有株数1,000株以上　16,000円相当の食事券

　保有株数に応じて、毎年2回、3月と9月の配当権利付き最終日に株を保有している株主に、それぞれの金額の食事券が付与されます。

　たとえば100株保有していると1,600円の食事券が、1,000株保有していると16,000円の食事券が、半期ごとにもらえるということです。100株保有の場合で計算すると、1株当たりで16円の食事券ということですので、半期で16円、通期で32円の配当が付いているの

と同じことです。

なお、こういった株主優待には「使用期限が付いている」のが一般的ですから、つかいそこねたらゼロ円の価値になってしまうことが現金配当よりは劣るところです。また、もしも最寄りに「木曽路」の店舗がない場合は、チケットショップで売ることもできますが、その場合は、1,600円の食事券がたとえば1,200円でしか買い取ってもらえないということも起こります。そういった場合には1株当たりで12円の価値に換算されるわけです。

ここでわかることは、「株主優待を主に狙った場合の最適な利用法とダメな方法」についてです。

この木曽路の例でいえば、「株主優待を主に考えた場合の最適な利用法」とは、100株か500株か1,000株を買うことです。いずれも、1株当たりで16円の食事券を獲得できます。

また、一般論として株主優待は、企業側が「長期保有の個人株主を増やすこと」を目的に行っていることも多く、100株の優待が一番割がいいように設定されているものも散見されます。そういった場合は、100株だけ保有して、最高の効率で株主優待を利用するのが、最適な方法だといえます。

正確なことは存じ上げるわけもありませんが、株主優待で有名な桐谷さんはきっと、100株の優待が一番割がいいように設定されている企業の株ばかりを100株ずつ、たくさん（の企業に分散して）保有されているのではないかと邪推しています。そのように徹すれば、それはそれで、効率的な株主優待の利用法ではありますね。配当利回りを高くできるのですから。

一方、「株主優待を主に考えた場合のダメな方法」とは、「木曽路」の例でいうと、200〜400株か600〜900株か1,100株以上を買う

ことです。いずれも、1株当たりの換算額が落ちてしまうからです。200株ですと、1株当たりで8円の食事券になりますし、400株ですと、1株当たりで4円の食事券になります。10万株ですと、1株当たりで0.16円の食事券になりますので、ほとんどオマケみたいなものになってしまいます。

　そうではなくても、私は常々、「株主優待はオマケだ」と割り切っています。

　要するに、株主優待は、「現金価値に換算して、配当と同じもの」と考えるのが合理的です。「株主優待で、美味しい松阪牛が送られてくるのが楽しみでね」とか、「株主優待で割引券がもらえるんだ！」といったことをよく聞きますが、それらはすべて、「それをお店で買ったら、いくらなのですか？　その金額分の現金配当をもらっているのと同じなのですよ」というわけです。株主優待に、妙な思い入れを持つのは「経済合理性がない」といわざるを得ません。

　株を「塩漬け」にしてしまってから、株主優待をその言い訳にするのが最もダメな例です。

　最後に、私が株主優待について思うところを書きますと、それは「株主優待はプライスレスなものを！」ということです。

　株主優待で「現金価値に換算できないもの ＝ プライスレスなもの」を配ったら、それは「株主優待の鏡」であろうと思うのです。

　昔、「エイベックス（7860）」という音楽産業の企業が、株主総会の後に開催される「株主限定のコンサート」の入場券を株主優待にしていたことがありました（いつのことだったかは忘れましたが）。こういった体験型の「限定ライブ」は、「プライスレスなもの」なので、株主優待としてはとても理想的な例だろうと思います（この「限定ライブ」のチ

ケットも、もしもチケットショップ等で売りに出されていたら、その販売価格で換算できてしまいますが、そういったリセールができなければ、やはりプライスレスですね）。

2019年12月20日現在の情報では、このエイベックス社は100株以上の株主に「a-nation」チケットの「優先予約権」を付与しているようです。「a-nation」チケットというのが何かを私は存じ上げませんが、「優先予約権」を付与するというのは、なかなか「プライスレス」なものですね。他社も見習いたいものです。

● 事前に基準を調べておき、その株価になったら買う

さて、**表6**に戻りましょう。

「決算月」の列をご覧ください。12月決算の企業が3社、上位にランクインしています。やはり配当の権利が落ちた直後は、株価が安くなりがちであるということはいえそうです（この表の株価は2020年1月17日付のものです）。

大事なのは、**表6**の真ん中辺りにある「配当利回りに基づく目標株価」です。これが買い値のメドだからです。そして、**表6**の一番右から2列目の「ナンピン買いの株価」も重要です。もし株価がここまで下がったら買い増しするのが適切です。

ここまで調べておけば、買うのは簡単です。**「配当利回りに基づく目標株価」で買い、「ナンピン買いの株価」で買い増しするだけです。**

ちなみに、**表6**の中のいずれかの企業の株式をまだ買っていない状態で、株価を調べたら、すでに「ナンピン買いの株価になっていた！」というような場合は、簡単にいえば「絶好の買いのチャ

ンス」です。ただし、少なくとも「最近においてなんらかの悪材料（＝業績悪化や不祥事発覚などの悪い要因）が出ていたり、配当が減額されていたりしないか」は確認する必要があります。

　あとは配当を受け取りつつ、後述する売りの目標株価になるのを待って売るだけです。

　なお、表6の一番右の列に「定性的要因」という欄があり、そこに「定性的に見た懸念事項」を簡単に書いてあります。JTはたばこ産業の会社なので、たばこは健康への阻害要因ということで、いかがなものかと思われる方もいらっしゃるでしょうし、SANKYOはパチンコ産業の会社なのですが、パチンコは好きではないと思われる方もいらっしゃるでしょう。ただし、そういった懸念材料があるからこそ、株価が安く、配当利回りが高いのだというようにも考えられますので、こういった「定性的に見た懸念事項」をも勘案して、投資を検討することが望ましいでしょう。

　さて次に、「日経平均株価の水準が安値圏の時」のアプローチと考え方を解説します。

2　日経平均株価の水準が安値圏の時

　2020年2月下旬から、コロナショックによって世界の株価が大暴落しました。そこで 2 では、日経平均株価の水準が安値圏の時にどのように様子が変わったかを見ていきます。206ページの表7は、表6を2020年3月27日付けで更新したものです。

まず**表7**を概観し、その後で個別の銘柄についての処方箋を描いていきます。

● コロナショックによって何がどう変わったのか

表7を概観すると、次のようなことがわかります。

- コロナショックによって、すべての銘柄の株価が大暴落しましたので、「2018年初来安値」が大幅に下方に修正されました。それに伴って、期待配当利回りが大きく上方に修正されました（期待配当利回りは利回りを株価で割ったものですから、株価が下がればその分、高くなります）。

- コロナショック後は、期待配当利回りが7%を超えるものが3銘柄も出現し、最高の期待配当利回りは8.22%という異常に高い値を記録しています。期待配当利回りが7%を超えるのは、まさに異常事態です。コロナショックによって異常に売り叩かれただけであれば問題ないのですが、期待配当利回りが7%を超えるのが長期間続くようであれば、近い将来における減配が懸念されます。株式市場においては、近い将来に減配が起こることを予見すると株価が先行して異様に下がることがあるのです。

- 一度決めた「配当利回りに基づく目標株価」を改定することはほとんどないのですが、これほどの大暴落の際は、やはり改定する必要が出てきます。これは異例なことです。すべての銘柄の「配当利回りに基づく目標株価」を改定して、およそ10%程度下げました。それに伴って、ほとんどの銘柄のナンピン買いの株価も切

表7　2020年3月27日の時点で投資対象として有望な安定配当企業

	類別	Code	銘柄名	決算月	今期予想配当	2018年初来安値	期待配当利回り(注1)	配当利回りに基づく目標株価 改訂前	配当利回りに基づく目標株価 改訂後
1	国際	6301	小松製作所	3	110	1,507	7.30%	2,500	2,250
2	国際	7751	キヤノン	12	160	2,035	7.86%	3,000	2,700
3	国際	2914	JT	12	154	1,874	8.22%	2,300	2,200
4	国際	5108	ブリヂストン	12	160	2,861	5.59%	4,000	3,600
5	国際	3407	旭化成	3	36	606	5.94%	960	850
6	財務	6417	SANKYO	3	150	2,824	5.31%	3,600	3,450
7	財務	5463	丸一鋼管	3	107.5	2,080	5.17%	2,700	2,550
8	財務	6592	マブチモーター	12	135	2,758	4.89%	3,375	3,150
9	国際	7267	本田技研工業	3	112	2,120	5.28%	2,850	2,450
10	財務	6988	日東電工	3	200	4,115	4.86%	5,000	4,500
11	国際	6902	デンソー	3	140	3,021	4.63%	新規	3,300
12	財務	8184	島忠	8	100	2,270	4.41%	2,500	2,400
13	財務	6737	EIZO	3	110	2,321	4.74%	新規	2,650

注1:この「期待配当利回り」は2018年初来安値(A)に基づいて算出したものである。
配列は、配当利回りに基づく目標株価との乖離率の昇べきの順

　り下げました。

・株価の大暴落によって、新しく対象銘柄になったものが2銘柄あります。「デンソー（6902）」と「EIZO（6737）」です。株価が下がったため、配当利回りが高くなって、チャンスが広がったといえます。ただし、新しく対象銘柄になったものは2銘柄とも2020年3月27日の時点では株価が大きく反発していますので、今後において買い値近辺までは下がってこないかもしれませんが。

　このように、「10年に一度」クラスの株価の大暴落があった場合

目標配当利回り	株価 (注2)	実際配当利回り	配当利回りに基づく目標株価との乖離率	ナンピン買いの株価	ナンピン買いの株価との乖離率	定性的要因
4.89%	1,912	5.75%	-15.0%	1,900	0.6%	
5.93%	2,389	6.70%	-11.5%	2,300	3.9%	
7.00%	1,960	7.86%	-10.9%	2,000	-2.0%	たばこ産業
4.44%	3,216	4.98%	-10.7%	3,200	0.5%	
4.24%	765	4.71%	-10.0%	650	17.7%	
4.35%	3,195	4.69%	-7.4%	3,200	-0.2%	パチンコ産業
4.22%	2,576	4.17%	1.0%	2,200	17.1%	
4.29%	3,180	4.25%	1.0%	2,800	13.6%	
4.57%	2,536	4.42%	3.5%	2,200	15.3%	
4.44%	4,825	4.15%	7.2%	4,200	14.9%	
4.24%	3,555	3.94%	7.7%	3,000	18.5%	
4.17%	2,653	3.77%	10.5%	2,300	15.3%	
4.15%	3,075	3.58%	16.0%	2,350	30.9%	

注2:株価は2020年3月27日の終値。

には、「配当利回りに基づく目標株価」を改定する必要があります。事前に想定していたよりも低い株価が示現することがあるからです。

しかし、すでに買ってしまっていた場合にも、慌てる必要はありません。**配当を重視しながら堅実に経営してきている企業は、リーマンショックやコロナショックのような大不況に見舞われても、2〜3年もすれば復活してきます。**もともと「短くて半年、長ければ2〜3年」の時間軸で投資しているわけですから、そのままのスタンスを維持しながら、買いと売りの目標株価をいくらか切り下げるだけでいいのです。

もちろん、「10年に一度」クラスの暴落前に比較的高い株価で

買っている場合には、ナンピン買いを2回ほど実行して、「やっとトントン」ということも覚悟しなければなりません。しかし、「10年に一度」の暴落ですから、トントンもやむなしです。そして、そういった場合に、「高い配当利回り」が効果を発揮します。売買損益は2〜3年でトントンだったが、それでも「手取りで3%〜5%」の利回りは得られているからです。

● **個別の銘柄についての処方箋**

新しく対象銘柄になった2銘柄以外の11銘柄については、コロナショック発生による想定以上の大幅な株価下落を通常は予見できないので、表6の「配当利回りに基づく目標株価」と「ナンピン買いの株価」、すなわち、大暴落の前に想定していた買い値とナンピン買いの株価で買っている可能性があります。その場合、今後においてどのような対処をすればいいのかについて簡潔にコメントしていきます。それこそが「リアルな」パッシブ投資の行動指針になると考えています。

では以下で、個別銘柄の処方箋について簡潔にコメントしていきます。購入後に株価が急落した場合にどう考えていけばいいのかについて、「小松製作所（6301）」を具体例にして説明していきます。

小松製作所の株価は、2020年1月下旬に2,500円を割ってから一気に下がっていき、3月中旬に1,507円の安値を付けてリバウンドを開始しています。

表6にあるように、この銘柄はもともと2,500円と2,250円（ナンピン買い）が暴落前の買い値です。もし資金があれば、表7にあるように、1,900円でも買い増しすべきだったでしょう。ただ、ここで

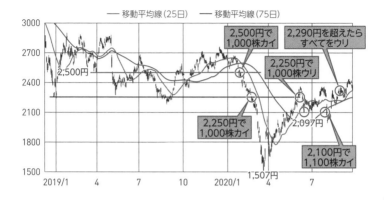

小松製作所(コマツ)の株価チャート

— 移動平均線(25日)　— 移動平均線(75日)

2,500円で
1,000株カイ

2,290円を超えたら
すべてをウリ

2,250円で
1,000株ウリ

2,500円

2,250円で
1,000株カイ

2,097円

2,100円で
1,100株カイ

1,507円

は最初に1,900円になった時には、資金がなくて買い増しはできなかったものとし、2020年1月30日に2,500円で、2020年2月25日に2,250円でそれぞれ1,000株ずつ買ったものとして解説していきます。

　買い値の平均単価は2,375円になるので、その株価に戻るまでは、税込みで4.63%の配当を受け取りながら保有し続けるのが原則です(この企業は2020年5月に本決算を発表し、配当額を1株当たり94円に減配しましたので、利回りは3.96%に低下しました)。そして実際、2020年6月8日には2,360円まで戻っています。

　一方で、上級者であれば、「救済ナンピン」を駆使します。**「救済ナンピン」とは、「より細やかに注意を払いながら、当面の安値でナンピン買いをして、少し戻ったら高値で買ったものと抱き合わせて売り抜けることを繰り返す手法」**のことをいいます。具体的には、次のようになります。以下では一貫して、税金と手数料は

度外視します（結果的にトントンで売り抜ければ税金はかかりませんし、手数料は少額なので度外視します）。

　株価が暴落した後、2020年6月3日に2,250円まで戻った時に、2,250円で買った1,000株をトントンでいったん売ってナンピン買いをした分を仕切り直します。そして、2020年6月15日に株価が再度下がって2,100円になるので、そこで1,100株買います。

　この時点では2,100円が安値になるかどうかがわからないことも多いので、1回は見送って、2回目に2,100円になる7月31日に買うというのが、より現実的です。この時（7月31日）には「2020年6月15日に付いた2,097円が直近の安値になって株価が反騰したから、どうやら2,100円がコロナ後の安値圏だ」ということが概ね見当が付いているからです。

　2020年6月3日に2,250円で売った後に2,100円で買うので、資金を6万円だけ足せば1,100株買えます。

　この段階で、2,500円で買ったものが1,000株と2,100円で買ったものが1,100株あります。買い値の平均単価は2,290円なので、次に2,290円以上になったらすべてを売れば、損益トントンですべての株を売り抜けられます。2020年8月13日に2,290円を超えています。

　なお、2,250円で1,000株を売った後に、株価が2,100円までは下がらなければ、売っていない（最初に2,500円で買った）1,000株はそのまま保有し続け、2,500円まで戻ったら2,500円で売れば、すべての株をトントンで売り抜けられます。

　このように「救済ナンピン」を実践すれば、暴落に遭っても比較的早期に投下資金をトントンかプラスで回収できます。ただし、大

きな暴落を経た場合には、**「損益はトントンか、少しでもプラスであれば御の字」**というようにマインドセットを切り替える必要があると思います。

　ありがちなのは、「これだけ大きな含み損を抱えて、時間と手間をかけたのだから、しっかり儲けないとやってられない」という考えです。私はそういう考えは一切持たず、**「これだけ大きな含み損を抱えたのだから、時間と手間をかけてトントンに戻すことができれば、大損したことに比べれば大満足」**と考えて、「株式市場で生き残ること」を最優先します。それが、「コロナショック級の大きなショックを生き残るための最も堅実で現実的な方法」です。

● 問題は減配リスク

　さて、このパッシブ投資の最大のリスクは「減配リスク」です（「減配」とは、配当額が減ることです）。

　配当利回りが高いことを根拠に銘柄選別をして、一定の安値で買うというパッシブ投資の最大の弱点は、「減配になること」です。ですから、前述したように原則的に過去20年分の配当額の推移を調べる必要があります。過去20年分の配当額の推移を調べて、リーマンショックの時以外には減配がなければ、よほどのことがない限り大丈夫です。

　しかし、2020年2月に勃発したコロナショックは「よほどのこと」かもしれませんから、「二十数年ぶりの減配」ということになる可能性も否定はできません。最も悲観して、近い将来に減配があるとしても、リーマンショックの時もそうであったように、これまで安定高配当の優等生であった企業は、2〜3年もすれば復活してきます。配当額も、元に戻ることがほとんどです。

また、減配の発表があっても、それで「悪材料出尽くし」と市場参加者が受け止めれば、むしろ株価は底打ち反転します。

　たとえば「JT（2914）」の場合、表7にあるように、コロナショックの暴落で、配当利回りが8％を超えています。このような事例では、減配懸念が大きいわけですが、この企業が仮に配当額を半額にしたとしても、配当利回りは依然として4％を超えています。そしてむしろ、「配当利回りが正常化した」と受け止められて底打ちする可能性があります。

　減配の発表後も長期にわたって株価が反転上昇しない場合にはロスカットも検討しなければならなくなりますが、そうなる事例は極めて稀です。ちなみに、JTは過去20年以上、減配をしていません。

　では次の4限で、パッシブ投資の売り時について解説していきます。

⑤-④限 パッシブ投資の売りの意思決定

ここまで、パッシブ投資の投資対象の絞り込み方と買い値の決定方法について解説してきました。ここではパッシブ投資の売りの意思決定について解説します。

パッシブ投資の売りの意思決定には、「原則編」と「応用編」があります。「原則編」は比較的シンプルで、初心者でも実践できますが、「応用編」を実践するには、数年から10年（またはそれ以上）の株式投資の経験が必要かもしれません。では、それぞれについて解説します。

1 原則編——売値決定のシンプルな定義

原則編については、最初に結論を簡潔に述べてから、詳しい解説をしていきます。

パッシブ投資の売りの意思決定の原則的な基準は、次のとおりです。

パッシブ投資の買いの基準に従って買い始めた前後に存在する最安値を「基準最安値」と定義します。そして、その銘柄の「目標配当利回り」の10倍の利回りを求め、これを「売りの目標利回り」

第5講 ● 安全・確実に資産を増やす「パッシブ投資」

と定義します。

　　原則的な売りの目標株価は、

「基準最安値」×（1＋「売りの目標利回り」）

で求めます。そして、その株価に到達したら「売り」です。

　　この基準はシンプルなのですが、文章で書くだけですとわかりにくいので、実際の数値例を用いて解説します。

　　194ページの表6の中にある「ブリヂストン（5108）」を例に採って説明します。ここでもまず、2018年9月から2020年1月17日までの株価推移で説明します。なぜ「2018年9月から」の期間を採択したのかというと、この企業が1株当たりの配当額を160円に引き上げることを発表したのが2018年2月で、それ以降初めて買いの目標株価の水準まで下がってきたのが2018年9月だからです。この期間におけるブリヂストンの株価チャートを次ページに掲載しますので、それを参照しながら以下をお読みください。

　　そして、その後に、2020年2月下旬からの株式市場の大暴落（コロナショック）を織り込んで説明を追加します。

● コロナショック前の判断

　　表6にあるように、ブリヂストンの「配当利回りに基づく目標株価」は「4,000円」です。2018年9月5日に4,000円を割りますの

で、事前に4,000円で買いの指し値をしておくと、この日に「4,000円」で買えます。

その後、同年9月12日に3,906円まで下がって、株価は反発していきます。

9月14日以降当分の間、株価は上昇波動に乗りますので、3,906円を割ることはありませんでした。そこで、この「3,906円」が「基準最安値」と確定します。

ブリヂストンの株価チャート(2018年9月〜2020年1月17日、日足)

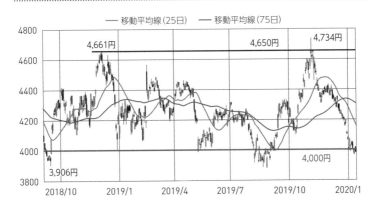

そして、この銘柄の「目標配当利回り」は「4.0%」なので、その10倍の利回りである「40.0%」を「売りの目標利回り」と決定します。

すると、原則的な売りの目標株価が算出できます。

原則的な売りの目標株価は、

となります。つまり、この株価に達したら株式を売却してキャピタルゲインを得ることにします。一方、この株価に達するまでは、保有して配当によるインカムゲインを狙います。

　ここで注意しなければならないのは、この計算の基礎となる株価は「3,906円（＝基準最安値）」であって、自分の買い値の「4,000円」ではない、ということです。

　またこの時、算出された売りの目標株価（5,468円）が、突拍子もない高値になっていないかどうかを確認する必要があります。これについては、過去の株価と比較して判断します。218ページのチャートにてお示しするように、この企業の株価は2017年11月8日に5,605円という高値を付けていますので、5,468円というのは、突拍子もない高値ではないことがわかります。

　ただし、ここで算出された原則的な売りの目標株価は、「長期的に見た最終的な高値圏」なので、短期的にはなかなか到達しない高値であることに留意が必要です。

　現に、2018年9月から2020年1月17日までの1年4カ月間は、5,468円には一度も到達していません。原則的には、売りの目標株価に達するまでは、税込みで「4.0％」の配当を受け取りながら、保有し続けることになります。

　たとえば、買ってから3年後の2021年9月に売りの目標株価（5,468円）になったとしたら、3年間で、キャピタルゲイン（40％）

とインカムゲイン（4％×3年）の合計で 52％の利回りが得られることになりますので、複利で計算して、年率で15％（税込み）の利回りになります。悪くない利回りです。

> キャピタルゲインの40％ ＋ インカムゲインの4％
> × 3年 ＝ 52％

　売却益の40％を確定するまでは、インカムゲイン（配当）の4％で甘んじますが、3年後に売れた時に年率で15％の利回りが確定する、といった感じです。

　原則的な売りの基準は、以上のようなものです。
　ちなみに、188〜191ページの表4と表5に戻っていただいて、それぞれの「期待配当利回り」と「上昇率」の列の一番下の数値（％）をご覧ください。ここに記載してある「上昇率」というのは、「2018年初来安値」以降に付いた実際の高値までの上昇率です。
　いずれも平均値ですが、

> 国際優良企業は、「期待配当利回り」が「3.0％」で、
> 「上昇率」が「46％」。
> 財務優良企業は「期待配当利回り」が「3.6％」で、
> 「上昇率」が「37％」です。

　このように、2018年からの2年間に期間を限定しても、「期待配当利回りの10倍のキャピタルゲインが得られる」という仮説は立証されています。

第5講 ● 安全・確実に資産を増やす「パッシブ投資」

● コロナショック後の判断

　この企業の株価もご多分に漏れず、コロナショックで暴落しています。そこでここでも「株を保有している時に大暴落が起きた際、どのように対処すべきか」について、説明することにしましょう。

　最初にお示しした株価チャートは日足でしたが、以下にお示しするチャートは、さらに長期の株価推移をお示しするために月足を採択しました。日足の株価チャートは2020年1月17日までのものでしたが、以下にお示しするチャートは、アベノミクスの初期の2013年1月から2020年3月下旬までのものです。

ブリヂストンの株価チャート(2013年1月～2020年3月月足)

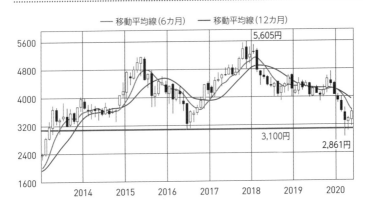

　2020年2月から株価が急落し、3月17日には株価が2,861円まで下がってリバウンドしています。「2,861円」というのはアベノミクスの初期の2013年3月以来付いていない、かなり安い株価です。そこで仮に、この「2,861円」が最安値になるとすると、「基準最安値」は先ほどの「3,906円」ではなく、「2,861円」となりますので、原則的な売りの目標株価も下方修正されることになります。

2020年3月17日以降の原則的な売りの目標株価は、

> 「基準最安値の2,861円」×
> (1+「売りの目標利回りの40.0%」) = 4,005円

となります。

194ページの表6では、買い値は4,000円と3,600円（ナンピン買いの値）です。これだけの激しい大暴落を経ても、長期で構えればインカムゲインを得ながら、キャピタルゲインもプラスで終わることができるという投資計画です。

もちろん、206ページの表7にお示ししたように、さらなるナンピン買いを3,200円で実行できれば、より収益的になりますし、209ページで解説した「救済ナンピン」を適宜実践すれば、より効果的です。

なお、その際に解説したように、**「救済ナンピンでは損切りはしません」。原則的に、「トントンかプラスのものだけ」を売っていきます。**

また、コロナショックのような大きな株価変動の渦中にある場合には、救済ナンピンの資金を得るために、例外的に損切りをすることも考慮に入れますが、その場合でも、「後悔しない範囲のマイナス」に限定します。大きな損切りをしてしまった後に、株価が予想に反して高くなった場合でも、損切りの額を「後悔しない範囲のマイナス」に留めておけば、なんとか自分を納得させることができるからです。

株価の先行きを正確に読めるのは神様だけです。**裏目に出ても**

後悔しないように行動するということが大事です。

② 応用編──より多くのチャンスを得るために

● 株価には「周期性」がある

さて、ここからは、やや難しくなります。この応用編でも、事例としてブリヂストンを採り上げます。

215ページにお示しした株価チャートをご覧になって気づくことがありますね。それは、「2018年9月に買ってから3カ月後の2018年12月にだいぶ高くなったけど（12月4日に最高値4,661円）、また下がってしまい、2019年の5月と8月には再び、最初の買い値の4,000円を割り込んでいる。そして、また株価が上がっていって、3カ月後の2019年11月に、2018年12月と同じくらいまで高くなったけど（11月4日に最高値4,734円）、また下がってしまい、2020年の1月には再び、最初の買い値の4,000円を割り込んでいる」ということです。

これを見れば、初心者でもわかることなのですが、「2018年12月に高くなった時に4,600円くらいで売っておけばよかったじゃん。そして2019年の5月に再び、最初の買い値の4,000円を割り込んだ時に買えばよかったじゃん」と思いますよね。

しかし、これは結果論であって、2018年12月に高くなった時には（原則的な売りの目標株価は、あくまでも5,468円なので）4,600円くらいで売ると判断することは、かなり難しいといわざるを得ません。

しかし、どうでしょう。2018年12月の高値の次にやって来た

2019年11月の高値（11月4日に最高値4,734円）の時には、「2018年12月に高くなった時に売らなかった（苦い）経験」があるので（＝2018年12月に4,650円で売っておけばよかった、という思いがあるので）、「4,650円で売る」ということを決意できる可能性が高いです。2018年12月4日に付いた最高値が4,661円なので、その少し手前で売っておこう！というわけです。

　そして、「また下がってきて、最初の買い値の4,000円を割り込んだら、また買おう」と考えることは、ある程度可能です。たしかにこれは応用的で、上級者向けですし、もしかして下がってこなければ、原則的な売りの目標株価よりも800円近くも安い株価で売ってしまうことになります。

　ですからこれも、結果論だといってしまえばそれまでですが、こういった「周期性（すなわち、過去の高値近辺で跳ね返されて、また安値に戻るという周期性)」は、パッシブ投資の銘柄では、過去にある程度の頻度で起こっているので、「4,650円で売る」という判断をしても間違いではないというわけです。

株価には周期性がある

ここで
売れなくても

ここで
売ればいい

　なお、ここで例に挙げたブリヂストンは、2020年8月7日に第2四半期決算を公表し、それと同時に上半期の配当額を1株当たり

80円から50円に減額すると発表しました。減配を発表した企業の株式はいったん仕切り直すのが原則ですが、この企業が減配するのは1993年に1株当たり2.5円の減配をして（1株当たりの配当額を12円に減額して）以来27年ぶりのことです。ですから、例外的に保有継続でよいと考えられます。27年も減配せず、1株当たりの配当額を12円から160円まで増配を続けてきたような企業は、必ずや復活して増配基調になると期待できるからです。

株価も減配の発表直前に付いた二番底の3,078円を安値として、それ以上は下がらずに反転してジリジリと上がってきています。今後、当分の間は「3,100円〜3,750円」のボックス圏で株価は推移するでしょう。世界経済の復活とこの企業の業績改善を期待して、安値で買っておくのは適切でしょう。

減配後の配当額を年間で100円と仮定して、3,100円で買っておけば、税込みですが減配後も依然として3.22％の利回りはあります。また、配当額が元に戻れば、税込みで5.16％の利回りになりますから、長期的に見れば安値は買いでしょう。

● 市場の状況は日々刻々と変わる

本講で解説してきたパッシブ投資は、高利回りの配当を受け取りながら、キャピタルゲインも得ていく両取りの投資法です。しかも、長期的に構えるため、損切りする必要はありません。ですから、「100％負けない投資法」であるといえそうです。

以上、本書の第2部ではパッシブ投資という手法を詳しく解説しました。株式投資ですから、「100％負けない」ということを保証できるものではありません。株式市場は「生き馬の目を抜く」といわ

れており、「一瞬先のことはわからない世界」です。ですから、明日は負けるかもしれませんが、私はこれからも「Prof. サカキ式投資法」をさらに進化させ、洗練させていき、「100％負けない投資法」を徹底して追求していこうと思っています。

　株式市場は日々刻々と変わりゆくものです。ですから、最新かつ新鮮な情報は、書籍ではなかなか伝えきれません。そういった書籍の限界を埋めるべく、私はインターネットでもライブな情報配信を16年間続けてきました。ここに私のHPのURLを掲載します。銘柄情報などは有料の会員制で大変申し訳ございませんが、各種無料コンテンツや無料のメルマガも登録制で配信しております。ご興味のある方は、次のURLにアクセスしてください。

兜町大学教授の教え
http://www.prof-sakaki.com/zemi/

　また、本書でもコロナショックの影響について言及しましたが、株式市場に関する私独自の市況展望を「フーミー（foomii）」という有料メルマガ配信サイトで、毎月1回（原則的に毎月1日か2日に配信。たまに号外あり）の頻度でご披露しています。

　宣伝めいていて大変恐縮ですが、最後に私の活動についてお知らせさせていただきました。本書を含めて、皆さんのご参考になればという思いで、日々精進を続けています。株式市場での資産形成を皆さんとご一緒に実現していくことができれば、これに勝る歓びはありません。

第 6 講

コロナショックのような
株価大暴落時に
どう対処するか

この講の
ポイント

- 大暴落は十数年ごとに起こっているが、必ず再び回復している

- 「パッシブ投資」は大暴落時でも力を発揮する

- 上級者は、損失を最小限にするために「ナンピン買い」を

● 「Prof.サカキ式投資法」は大不況に通用するか？

　本書の原稿は2019年の秋から起案し始め、日米の株式市場でコロナショックが勃発した2020年2月下旬よりも2カ月前の2019年12月下旬には原稿のほとんどの部分を書き終えていました。PHP研究所の編集担当者様との第1回の打ち合わせ（出版交渉）が2020年2月4日で、出版が決定したのが2月28日でした。

　これはちょうど、日米の株式市場でコロナショックによる株価の大暴落が始まったのとほぼ同じタイミングでした。さすがにこのような状況の中で株式投資の本を出すわけにはいかず、いったん発刊は延期に。しかし、それによってむしろ、**私の投資法が「大不況時にも通用するか」を試す、絶好の機会となった**のです。

　この講ではまず6－1限で、「株価大暴落は『10年に一度』くらいの頻度で起こっている」と題して、株価大暴落の歴史を振り返ることで、今後の株価の行方について考えていきます。続いて「本書の手法は株価暴落時にも通用するのか」を検証します。そして6－2限で、株価暴落時に重要となる「株式投資の心構え」「損失を極小化するための実践的な手法」について解説していきます。

⑥-① 限 株価の大暴落は 「10年に一度」くらいの 頻度で起こっている

1 「大暴落」の歴史を紐解く

● 大暴落の周期は概ね12年

　株価の大暴落に関しては、それを扱うだけで1冊の本が書けてしまうくらい奥が深いテーマです。そして、株価の大暴落に関して研究することには、大きな意義があります。なぜならば、株価の大暴落は実は「10年に一度」くらいの頻度で勃発してきているからです。

　リーマンショックの時に、アメリカのFRBの前議長だったグリーンスパン氏が、リーマン・ブラザーズの破綻に端を発した金融危機（＝リーマンショック）のことを「100年に一度の危機」と述べました。この発言があまりにも有名になり、リーマンショック級の株価暴落も、あたかも「100年に一度」の出来事であるかのように印象づけられました。

　しかし事実はどうかというと、そうではないのです。戦後以来の70年間において、**株価の大暴落は「10年に一度」くらいの頻度で勃発しています。** 少なくとも、日経平均株価については、それが事実です。ここでは、まずこの事実をつまびらかにしてみましょう。

日本における株価大暴落の歴史を紐解きますと、1989年の年末以降の大暴落（「バブル崩壊」）以前にも、株価の大暴落は起こっているのです。それを簡潔にまとめますと、次のとおりです。

① 戦後において東京証券取引所が開所した直後の1949年9月の高値（175円）から1950年7月の安値（85円）まで。下落期間は10カ月で下落率は51.4％。
② 1961年7月の高値（1,829円）から1965年7月の安値（1,020円）まで。下落期間は4年で下落率は44.2％。
③ 1973年1月の高値（5,359円）から1974年10月の安値（3,355円）まで。下落期間は1年9カ月で下落率は37.4％。
④ 1987年10月の高値（26,646円）から同年11月の安値（20,513円）まで。下落期間は2カ月で下落率は23.0％。

　日本は1986年から「バブル経済」が始まっていますので、1987年10月のブラックマンデーの時の下落は、期間も率も小幅なものに留まっています。

　このように、1989年の年末以降の「バブル崩壊」以前にも、1949年・1961年・1973年というように、かの「奇跡の高度経済成長期」の過程でさえも、「12年に一度の周期」で株価大暴落は起こっていたのです。1987年のブラックマンデーの時の下落は、株価下落の期間も率も小幅だったので「大暴落」からは除外すると、日本は1974年10月から1989年12月まで、例外的に15年の長きにわたって株価の大暴落がなかったので、忘れられているだけで、こうして歴史を紐解いてみると、株価の大暴落というのは「12

年に一度の周期」でやって来るものだということがわかります。

　ただ、これらの①～③はあまりにも古いので、現在の市場参加者は意識していませんし、記憶もしていません。現在の市場参加者が記憶しているのは、1989年の年末以降の大暴落（バブル崩壊）とそれ以降の株価推移でしょう（年配の方は、1987年のブラックマンデーを覚えている方もいらっしゃるでしょう。私は、このブラックマンデーの少し後から株式投資を始めました）。

● **バブル期以降の大暴落**

　さて、1989年の年末の大暴落（バブル崩壊）とそれ以降の株価暴落は、次のように簡潔にまとめられます。

⑤ 1989年12月に38,915円でピークアウトし、1992年8月に14,194円で底打ちしています。下落期間は2年8カ月で、下落率は63.5％の大暴落です。

⑥ その後1996年までは14,000円台から21,000円台の往来相場となり、1996年6月に22,750円の高値を付けたところから、1998年10月に12,787円の安値を付けるまでの2年4カ月間も、明確な下落局面です。この時の下落率は43.8％でしたから、⑤や以下の⑦・⑧よりは小幅な下落率です。

⑦ 戦後2番目に大きい株価暴落は、ITバブルの高値である2000年4月の20,833円から「小泉・竹中不況」の底値である2003年4月の7,603円までの3年間にわたる長期の下落相場です。下落期間は3年で、この時も、1989年の年末以降の「バブル崩壊」と同じ規模の63.5％の大暴落です。

⑧ その次は、「ミニバブル」といわれた2007年2月の高値（18,300

円）から2008年10月のリーマンショックの大底（6,994円）までの1年8カ月にわたる大暴落です。下落期間は1年8カ月で、この時も、1989年の年末以降の「バブル崩壊」とほぼ同じ規模の61.8％の大暴落です。

　⑤〜⑧の「ピークの時期」と「下落期間」と「下落率」だけをまとめると、次のようになります。

> ⑤　ピークは1989年12月、下落期間は2年8カ月、
> 　　下落率は63.5％。
> ⑥　ピークは1996年6月、下落期間は2年4カ月、
> 　　下落率は43.8％。
> ⑦　ピークは2000年4月、下落期間は3年、
> 　　下落率は63.5％。
> ⑧　ピークは2007年2月、下落期間は1年8カ月、
> 　　下落率は61.8％。

　⑤→⑥の期間が6年6カ月、⑥→⑦の期間は3年10カ月です。⑥は比較的小幅な下落率でしたから、大暴落からは除外して、⑤→⑦の期間を見ると10年4カ月で、⑦→⑧の期間が6年10カ月です。
　このように、バブル崩壊以降も、6〜7年と10年余りの間隔で大暴落は起こっています。
　下落期間は1年8カ月〜3年で、下落率は43.8％と61.8％と63.5％です。

● 周期から見えてくる「コロナショック不況」の底打ちの時期

そして問題は、今回のコロナショックによる大暴落です。

> ⑨ 今回のピークは、2018年10月で、
> 最高値は24,448円です。

⑧→⑨の期間を見てみますと、「11年8カ月」です。⑤→⑦の
10年4カ月よりもやや長かったですが、上の①〜③で見たように、
バブル経済の前の「12年に一度の周期」とはほぼ合致しています
から、今回の大暴落は、このように歴史的に考察してみれば、まさ
に「来るべきものが来た」ということでしかなかったのだということ
がわかります。コロナショックがあろうとなかろうと、**今回の大暴落
は、時期的に見て「歴史の必然」だった**といえます。

そして、⑤〜⑧の事例に従えば、下落期間は「1年8カ月〜3年」
ということになりますが、今回（⑨）の場合はピークの間隔が⑤〜
⑨の中では一番長くて、底値（2008年10月、6,994円）からの上
昇率も約3.5倍でとても大きいので、下落期間が長引く可能性もあ
ります。「コロナウイルスの終息に時間がかかりそうだ」といったよう
な定性的な要因を度外視しても、このような定量的なテクニカル分
析の視点からも、下落期間が長引く可能性があるという予想もでき
ます。そこで、「1年8カ月」という短めの事例を除外すると、下落
期間は「2年4カ月〜3年」と予想できます。

そうすると、今回のコロナショックによる大暴落が底打ちするのは、「早くて2021年2月、遅いと2021年10月」ということになります。トランプ大統領が落選した場合には、NYダウが大暴落するでしょうから、その場合には日経平均株価が底打ちするのも「早くて2021年2月、遅いと2021年10月」くらいになるのではないかと考えられます。

　一方で、リーマンショック以上の「ジャブジャブの金融緩和」が日米で実施され続けていますから、トランプ大統領が落選しなければ下落期間は意外と短くなり、2020年3月が底になる可能性もあります。そうなった場合には、下落期間は1年5カ月となり、かなり短いものになります。

●「金価格割引日経平均」という新たな発想が示す真実

　日経平均株価が底打ちした後には、「ジャブジャブの金融緩和」のせいで「資産インフレ」が進行する可能性もあります。

　日経平均株価はコロナショックから急回復し、2020年6月以降コロナ不況が続く中でも、その水準が高止まりしています。その理由がわかりました。**「金価格を基軸にして考える」**ことによって、その謎（？）が解けたのです。

　ここで「金価格割引日経平均」という新しい指標を定義します。「金価格割引日経平均」を次の算式で定義します。

$$金価格割引日経平均 = 日経平均株価 \div 金価格 \times 5,000$$

これはつまり、「日経平均株価 ÷ 1グラムあたり金価格」で、日経平均株価が金地金の何グラムに値するかを示しており、昨年の夏まで、金価格が概ね5,000円程度で推移してきていたことから、「日経平均株価 ÷ 金価格」に5,000をかけることで、この指標の値を日経平均株価の水準に似た値に修正しているのです。

それでは右の表で、アベノミクス開始以降の「金価格割引日経平均」を週ごとに集計したデータのうちで、主な値を列挙します。

以下で、重要な値について簡潔にコメントします。
★1 アベノミクス開始時には、金価格割引日経平均の値は10,500ポイント台の水準でした。
★2 2013年4月の日銀バズーカ以降、金価格割引日経平均の値は14,300ポイントを割らなくなりました。
★3 2015年8月のチャイナショックの直前には日経平均株価も20,000円を超え、金価格割引日経平均の値も21,880ポイントまで上昇しています。
★4 しかし、2016年2月の世界同時株安と同年6月のBREXITの時には日経平均株価が15,000円を割り、金価格割引日経平均の値も15,000ポイント台まで下がっています。
★5 2018年9月末には日経平均株価も大天井を付け、金価格割引日経平均の値も25,819ポイントの最高値を付けました。この時が事実上の好景気のピークです。ここから消費税増税不況に突入し、企業業績が悪化していきます。
★6 日経平均株価も金価格割引日経平均の値も上下を繰り返しながら、コロナショックのボトムのところで、金価格割引日経

日付(週末)	日経平均株価 (週の終値)	金価格割引 日経平均の値	注
2013/2/8	11,153.16円	10,532ポイント	★1
2013/4/19	13,316.48円	14,334ポイント	★2
2013/6/28	13,677.32円	16,986ポイント	
2013/8/30	13,388.86円	14,329ポイント	★2
2015/8/7	20,724.56円	21,880ポイント	★3
2015/9/24	17,880.51円	18,575ポイント	
2015/11/27	19,883.94円	21,674ポイント	
2016/2/12	14,952.61円	15,505ポイント	★4
2016/4/22	17,572.49円	18,490ポイント	
2016/7/8	15,106.98円	15,835ポイント	★4
2018/9/28	24,120.04円	25,819ポイント	★5
2019/1/4	19,561.96円	20,150ポイント	
2019/4/26	22,258.73円	22,452ポイント	
2019/8/16	20,418.81円	18,215ポイント	
2019/12/13	24,023.10円	21,128ポイント	
2020/3/18	16,552.83円	14,374ポイント	★6
2020/6/5	22,863.73円	17,292ポイント	
2020/8/7	22,329.94円	14,479ポイント	★7
2020/8/14	23,289.36円	15,815ポイント	★8
2020/9/4	23,205.43円	16,086ポイント	★8

第6講 ● コロナショックのような株価大暴落時にどう対処するか

233

平均の値は「14,374ポイント」まで下落し、2013年のアベノミクス開始以来の安値圏に落ち込みました。

★7 **ここが一番肝心なところです。**8月7日における日経平均株価の水準は「22,329円」で、底値圏というほどには低くありません。しかし、金価格割引日経平均の値は「14,479ポイント」まで下がっており、コロナショックの「二番底」を示現しています。

日経平均株価の見かけ上の値は「22,329円」ですが、金価格で割り引くと、「22,329円」というのは、2013年4月に日経平均株価が13,300円台だった頃と同じくらいの価値にまで下がっているのだとわかります。

★8 8月14日には、すでにリバウンドが始まっており、9月4日には「16,086ポイント」まで回復しています。

このように、まさに「金本位制」で考えると、日経平均株価の真実の姿が浮き彫りになってくることがわかりました。

金価格割引日経平均の視点からは「コロナショック以降、2020年8月7日に二番底がすでに付いている」ので、当面は（2020年秋までは）もうあまり下がらない可能性が高い、ということになります。

日経平均株価の見かけ上の数値はあまり下がっていませんが、金価格割引日経平均の視点で見ると、コロナショックの大底から「4カ月と3週間」で「二番底」が付いています。これが、2020年6月以降において日経平均株価が高止まりしていることの理由だと考えられます。「日経平均株価は見かけ上は、あまり下がっていないが、金価格で割り引くと、実はかなり下がっていた」というわけ

です。

　2020年8月14日で、第1四半期の企業業績は概ね出揃いました。企業業績はイマイチなのに、日経平均株価が下がらないのは、「資産インフレによって、株価がかさ上げされているから」に他ならないと考えられます。

　インフレは到来しています。インフレ圧力自体はかなり強いと思いますが、コロナ不況によるデフレ圧力によって減殺されて、メチャクチャなインフレの状況にならずに済んでいるだけなのだろうと思います。

　コロナに対するワクチン開発も進んでいます。近い将来においてコロナ不況によるデフレ圧力が解消されれば、日本経済はかなりはっきりとしたインフレ状態になっていくことでしょう。

　「コロナ回復期待」という名の「デフレ圧力の解消」が顕在化していくにつれ、日経平均株価は新高値圏へと浮上していく可能性もありそうです。

　ただし、懸念材料（＝波乱要因）もあります。

　2020年11月の米大統領選挙と日本の衆議院解散総選挙です。衆議院の任期が満了するのは2021年10月ですが、コロナの帰趨や東京五輪開催の是非のことを考慮に入れると、菅政権が2020年末に解散総選挙に打って出る可能性もあります。

　先にも述べたように、トランプ大統領が落選した場合には、その後の株価に大きなマイナスの影響を与えることになりますが、これまでに実施されたコロナ対策だけでもかなりジャブジャブの金余り現象はすでに発生してしまっていますので、**通貨価値の希釈によるインフレ圧力は根強く残る**と考えています。

● あえて「自己否定」して検証してみます

　本書では、「100％負けない」ということを述べてきました。そこで、この **3** では「本書の投資法は株価暴落時にも通用するのか」について述べていきます。

　ここでは、あえて自虐的に「自己否定」を試みます。すなわち、本書の投資法は「株価の大暴落時でも、本当に100％負けないのか。いや、きっと負けるに違いない」という視点で検証していきます。

　もちろん、ここまでウソをついてきたわけではありません。調査分析期間内、つまり、2010年の年初以降の10年間では本当に「100％負けない」投資法だったのです。ですから、正確にいえば、「100％負けなかった投資法」です。

　しかしここにきて、コロナショックが勃発して、2008年〜2009年に勃発したリーマンショック級の「10年に一度の大暴落」に見舞われました。そこで、このような大暴落時においても、本書で解説した投資法は「今後も勝ち続けることができるのか」を検証していきます。

● 優良企業には「下値抵抗線」がある

　第2部の第5講でも、2020年3月27日時点のデータに基づいて、「アフターコロナ」について考察しました。

　また、具体的な銘柄として、小松製作所とブリヂストンを取り上げました。2020年3月27日から2カ月あまりが経過した6月8日の時点における小松製作所とブリヂストンの月足チャートをここに記

載します。月足チャートとは、株価の推移を長期的な視野で俯瞰する時に用いると有意義な株価チャートです。いずれもアベノミクス開始以降の2013年1月以降のものを掲載しました。

小松製作所（コマツ）の月足チャート

ブリヂストンの月足チャート

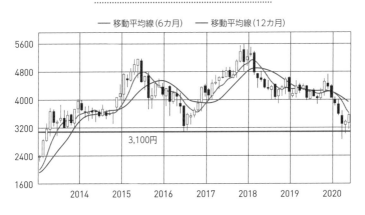

このように長期の目線で株価推移をとらえてみると、小松製作所の月足チャートでは「1,550円」のところに、ブリヂストンの月足チャートでは「3,100円」のところに、それぞれ「下値抵抗線」があることがわかります。「下値抵抗線」とは、「これ以上大幅には下がりそうもない一定の水準」を示す直線です。

　コロナショックのような大きなショックが勃発して、日経平均株価が急落すると、個別株の株価もこれらの月足チャートにあるように大幅に下がります。しかし、このように俯瞰して見てみると、長期的な安値（下値抵抗線の水準）まで下がれば、下げ止まるものであることがわかります。企業には「資産価値」がありますし、「収益価値」もあるからです。

　この場合の「資産価値」とは主に「1株当たり純資産（BPS）」のことで、「収益価値」とは「1株当たり配当額」のことです。企業の収益として投資家が注目するのは「1株当たり純利益（EPS）」の額ですが、投資家が株主として受け取る収益価値は「1株当たり配当額」だからです。

　たとえば、小松製作所のBPSは2020年5月18日時点で「1,875円」あり、1株当たり配当額は確定値で94円あります。ブリヂストンのBPSは2020年5月11日時点で「3,149円」あり、1株当たり配当額は2020年8月7日時点の予想値で100円あります。それぞれ、これだけの経済価値がある企業の株価が異常に下がることは、結局はありえなくて、小松製作所でいえば「1,550円」前後のところで、ブリヂストンでいえば「3,100円」前後のところで下げ止まるのです。そして、長期的に見れば、「ある一定の水準」まで株価は戻っていくのです。

　「ある一定の水準」というのは、パッシブ投資の売りの目標株価

のことを意味しています。また、最悲観でも、パッシブ投資の買い
の株価（パッシブ投資の理論に従って買った株価）までは戻るの
です。

　であれば、たとえ**大きなショックの前に想定していた安値を下
回ったとしても、慌てて売る必要はない**のです。コロナショックは、
このことを再確認させてくれたといえそうです。

　では最後に、リーマンショックやコロナショックのような大きな
株価下落に見舞われた時に「意識すべき大事な点」と「株式投資
の本質論」について述べていきます。

株価暴落時の「株式投資の心構え」と損失を極小化する手法

1 意識すべき大事な点

● 自分が買った株価は、根拠のある安値であったか

　株価暴落時に、意識すべき大事な点は、**「自分が買った株価は、根拠のある安値であったか」**であると思います。そうであれば、大きな暴落に見舞われても、なんとかなるというのが私の実感です。また、そうであれば、株価暴落時に慌てて売る（＝狼狽売りをする）のを防げます。

　もちろん、株価の下落局面では、売買の往復の手数料よりも大きく株価が下がるのであれば、いったん売って、安値で買い戻したほうがいいのは明らかです。ネット証券会社経由の場合、売買の往復の手数料は通常、2,000円程度ですから、1,000株当たりに直せば2円程度です。

　ということは、「株価が2円以上下がる！」と確信できるのであれば、いったん売ったほうがいいということになりますが、そういった「株価の行く先」が明確にわかるのであれば、誰でも大富豪になれ

てしまいます。つまり、ごく一部の天才的な人を除いて、「一瞬先のことはわからない」のです。ですから、株価下落の直前に、瞬時にかつ的確に売り逃げるなんていうことは至難の業であるというのが現実です。

　それと同じく、リーマンショック級の大暴落を事前に察知するというのも神業です。

　リーマンショックの時は、それまでにサブプライムローン問題が発生していて、日経平均株価やNYダウがかなり下がっていたのに、そこに追い打ちをかけるように、突如として、伝統あるリーマン・ブラザーズ社が破綻し、日経平均株価やNYダウがさらなる猛烈な下落に見舞われました。そんなことは、ごく一部の天才的な人を除いて、予測不可能でした。

　また、2020年のコロナショックでも、コロナ禍自体は2020年の1月中旬から中国でも日本でも顕在化していたのに、NYダウは2月12日に史上最高値を更新していましたし、2月21日まではかなりの高値圏に留まっていました。ですから、「コロナ禍は、すでに市場に織り込み済みか」と思わせておいての、いきなりの大暴落開始でした。これを予見できたのは、ごく少数の人だけなのではないでしょうか。

　しかし、「相対的な高値圏」や「相対的な安値圏」は、ある程度はわかります。

　たとえば、今回のコロナショックの場合でも、「2月25日からコロナショックが勃発して株価が大暴落を開始する」ということは事前にはわからないですが、日経平均株価が24,000円近辺にある時

には「相対的に見て高値圏である」ということは、過去の日経平均株価の週足チャートを見ればだいたいわかります。また、今回のような大暴落になることは予見できなくても、日経平均株価が20,300円近辺にある時には「相対的に見て安値圏である」ということは、日経平均株価の週足チャートを見ればわかります。

●「相対的な安値圏」で買えるかどうかがカギ

そこで、肝心なことは、「日経平均株価が20,300円近辺にある時に買ったか」ということです。日経平均株価でいえば、「2020年3月に16,358円まで下がって、それが最安値になる」ということは予想できなくても、20,300円近辺が安値圏であるということは、日経平均株価の週足チャートを見れば見当はつきます。

このことを日経平均株価に連動するETF（上場投資信託。日経平均に連動するように運用される金融商品）でたとえます。

今回のコロナショックの下落過程で（16,358円まで下がることは事前には予想できないので）20,300円近辺で（3月9日に）ETFを買っていたとします。そうすると、瞬間最大では4,000円（約20％）の含み損を抱えることにはなりますが、買ってから52日後の4月30日にはトントンに戻り、さらに6月8日まで持っていれば約11％の利益さえも得られる結果になっています。

このように、「根拠ある安値」で買っていれば、狼狽売りをすることなく、「トントンかプラス」で売り抜けることができるのですが、根拠がない中途半端な株価で買っていると、投げ売りをしたくなってしまいます。

ですから、「根拠ある安値」で買っておくことは非常に大事です。

また、「根拠ある安値」で買ったのであれば、ジタバタせずに「トントンかプラス」になるまで、ドンッと構えていればいいのです。

● 一気に全額投入しない　～ナンピン買いの重要性～

　株価暴落は、いつ来るかわかりません。ですから、株式投資の実践においては「一気に全額投入しない」ということが重要です。

〈日経平均株価編〉

　このことを再度、日経平均株価に連動するETFでたとえます。

　先ほどと同じく、コロナショックの下落過程で日経平均ETFを20,300円で（3月9日に）買ったとします。ただし、日経平均ETFに投資する予定の全資金額の2分の1だけを投資したとします。

　残りの資金は、週足チャートを見て、次の安値のメドである「19,000円（2018年12月の安値）」で買うことにしておきます。

　そうすると、今回はなんと（最初に買った日の翌日の）3月10日に19,000円で買えてしまいます（日経平均株価が1日で5％以上も下がるのも珍しいのですが）。

　これでもやはり、瞬間最大時には3,300円（約16.8％）の含み損を抱えることにはなりますが、最初に買ってからたったの16日後の3月25日には、ほぼトントン（マイナス0.44％）の水準に戻ります。

　また、そのタイミングで（＝3月25日に）売りそこねても、3月25日から20日後の4月14日には、トントンの水準を超えます（なお、さらに8週間後の6月8日まで持っていれば、約18％の利益さ

えも得られる結果になっています）。

〈個別銘柄編〉

　しかし「ドンッと構える」といっても、実際に株価が下降していく中、心穏やかでいるのはそう簡単ではありません。また、株価の低迷が長引くことも考えられます。

　そこで、ここでも重要になるのが、「救済ナンピン」の発想です。この発想だと、株価が「上がって嬉しい、下がって嬉しい」という状態になるので、より心穏やかに過ごすことができます。

　「救済ナンピン」については前にも述べましたが、重要なことなので、ここでもおさらいします。

　ナンピン買いとは「株価が下がっている時に買い増すことで、持っている株の平均単価を下げる」手法です。下落局面においても、株価は下落と上昇を繰り返します。その動きを利用して収支をトントンにする、あるいは利益を出すというのが、「救済ナンピン」の狙いです。

　「救済ナンピン」を考える際には、自分が買った株について、買い値を「平均単価で凝り固まらないように柔軟に考え、買い値を個別に考えること」が重要です。

　そして、株価が底打ちして反転し、「ここが戻り高値である」と認識できた時に、安値で買ったものから順に売り抜けていくといった感じです。

　また、戻り高値で売った時に、もし一番安い株価で買ったものには利益が発生するのであれば、損切りのものも抱き合わせて売っ

て、トントンにするといった感じです。

文章だけではわかりにくいので、簡単な数値例で説明します。初心者の方には少々難しいかもしれませんが、ぜひついてきてください。

● ナンピン買いの具体的な説明をします

株価が1,100円から徐々に落ちていく際、数度に分けてナンピン買いをしたとします。具体的には、買い値が

> 1,100円で1,000株
> 1,000円で1,000株
> 900円で1,000株
> 800円で1,000株

だとします。この時点での買い値の「平均単価」は950円になります。

この後、700円を最安値として株価が底を打ち、その後、850円まで回復し、この金額が戻り高値（底を打った後の最高値）だと判断したら、**900円で買った1,000株と800円で買った1,000株を850円で売って、トントンにします（以下で、この時点を〈1〉とします）。**

そして、**1,100円で買った1,000株と1,000円で買った1,000株を残しておきます（安値で買ったものから順に売り抜けていくのです）。**

複数回に分けて購入した自分の買い値を「平均単価」でとらえて凝り固まってしまうと、この数値例の場合、平均単価は950円ですから、850円ではまだ損益がマイナスなので「一部を売り抜ける」という発想ができなくなります。その結果、株価が950円に回復するまでじっと待ち続けることになります。

もちろん、手持ちの4,000株はすべて同じ会社の株式なのですが、「1,100円の1,000株」・「1,000円の1,000株」・「900円の1,000株」・「800円の1,000株」と、あえて4つの別々の株を持っていると考えるのです。

このように株価を個別に切り離して認識することで、立ち回りが軽くなります。**「買い値について柔軟にとらえて、買い値を個別に考えること」が重要**です。

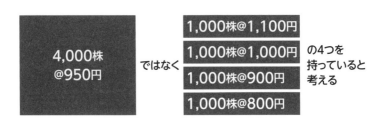

● ナンピン買いは「上がって嬉しい、下がっても嬉しい」

なお、「戻り高値が850円近辺であること」を認識できるようになるのは、「株価が二度目に850円近辺になった時」です。

すなわち、株価が次のような動きをした場合の「二度目の850円近辺」を「戻り高値」と認識します。

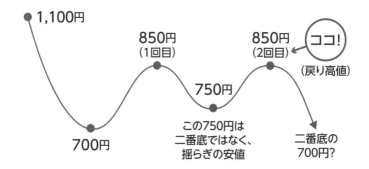

1,100円

850円
(1回目)

850円
(2回目)

ココ!

(戻り高値)

750円

この750円は
二番底ではなく、
揺らぎの安値

二番底の
700円?

700円

1回目に850円まで上がった時に「ココが戻り高値だ！」と判断するのは、かなり難しいので、二度目を狙います。

その後、二番底が来た時に、850円で2,000株を売った資金をつかって700円で2,400株買います（850円×2,000株＝170万円。170万円あれば、1株700円なら2,400株買えます）。

二番底を付けた後は、（1回目と2回目の戻り高値の）850円よりも高くなることが多いので、それを狙って、たとえば900円になるまで待って売ります。

そして900円まで上がった時に、700円で2,400株買ったものを売ると48万円の利益が出ますから、その時に同時に、残していた（保有継続していた）**1,100円で買った1,000株と1,000円で買った1,000株**を900円で一緒に売るのです。この2,000株だけで考えると、損益計算では30万円の損切りですが、上の48万円の利益と合わせて、合計では18万円の利益ですべてを売り抜けられます。

このようにすることで、「損切りを出さずに、最終的にはトントンかプラスで売り抜けられる」ということになります。前にも述べましたが、**大暴落の後には「目指すはトントンかプラス！」と考えるのが**

生き残りの秘訣です。

　ちなみに、最初に850円で売った〈1〉の時点の後に、株価が下がらずに上がっていき、1,000円になったら、1,000円で買った1,000株をトントンで売ればいいですし、もしさらに上がって1,100円までいったら、1,100円で買った1,000株を売れば、すべてをトントンで売り抜けられるので、よしとします（儲けることは逃しましたが）。

　さらには、1,000円まで戻ったので、1,000円で買ったものを1,000株売ったけど、その後1,010円まで上がり、すぐに下がってしまったら、**1,100円で買った1,000株は残しておいて**、再び下がって800円になった時に、（850円で売った2,000株分と1,000円で売った1,000株分の合計の270万円の資金で）3,300株買います。
　なお、なぜ今回は前回の底値の700円ではなく800円で買うことにしたのかというと、株価が1,010円という、前回（の850円）より高いところまで戻ったからです。株価の右肩上がりのトレンドをフォローするのです。

　次に1,000円に戻った時に、残しておいた1,100円で買った1,000株と800円で買った3,300株を売れば、56万円の利益ですべてを売り抜けられます。

　以上のようにすることを「救済ナンピン」と名付けています。
　この手法を駆使すると「上がって嬉しい、下がって嬉しい」という状態を維持できますので、株価が乱高下しても、心穏やかに過ごすことができるようになります。

> 「上がって嬉しい、下がって嬉しい」＝
> 「株価が上がれば、高値で買ったものを
> トントンかプラスで売り抜けられるので嬉しい」
>
> そして、「株価が下がれば、救済ナンピンが
> 実行できるので嬉しい」

という心理状態を維持できるようになるわけです。

じっくりと構えて、このような「救済的な投資行動」を取れば、ほとんどの銘柄で、「トントンかプラス（または、納得できる範囲のマイナス）」ですべてを売り抜けることができます。

コロナショックのような非常事態を生き残るためには、こういった「息の長い救済」を敢行することしかないと考えています。

これが、私がリーマンショックを生き延びた投資法です。

2 株式投資の本質論

● 株価暴落時に狼狽しないための条件とは?

「株価暴落時の心構え」として重要なことは、**「狼狽しないこと」**に尽きます。そのための第一歩が、前に書いた**「自分が買った株価が、根拠のある安値であること」**です。これによって、「ドンッと構えること」ができるようになります。

「株価が暴落しているのに、ドンッと構えていたらマズイんじゃないの!?」と考えるのは初心者です。

自分が「根拠のある安値」で買ったのであれば、「ドンッと構えること」で、結果的に正解になることのほうが、圧倒的に多いのです。ドンッと構えていないと、狼狽売りをしてしまい、しなくてもいい損をしてしまうことが多いのです。

そして、「自分が買った株価が、根拠のある安値であること」と同じくらいに「ドンッと構えること」ができるようになるための秘訣があります。

それは、**「ちゃんと『高い配当利回り』で買ってあること」**です。

もちろん、本書の「パッシブ投資」の手法にあるように、「長期的に安定して高い配当を継続している企業」に投資対象を絞っておくことが前提になります。

そうすると、「最悪でも1年か2年、このまま保有を継続しておけば（悪い言葉でいえば、放置しておけば）、株価はトントンかそれ以上に戻るだろうし、その間は『高い配当利回り』を得られるから、それで納得することにするか」と考えられるようになります。これは、株価の暴落時に、心を落ち着かせるための格好の処方箋です。

もちろん、「配当を、高値づかみの言い訳にする」のは御法度です。そもそも、高値づかみをしていては、配当利回りは決して高くないはずです。それなのに、「配当があるから、まぁいいか」とか、ましてや「株主優待が楽しみだから」というように考えるのは、はっきり申し上げまして、「負け犬の遠吠え」でしかありません。

しかし、「ちゃんと『高い配当利回り』で買ってある」のであれば、株価の暴落時には、保有継続の「合理的な理由」になります。「高い配当利回り」は「高い運用利回り」を意味するからです。

● やはり最後は「高い利回り」がモノをいう

もちろん、配当利回り以上の、もっと高い利回りを獲得するのが大事な目標ですから、むやみに放置しておくということではなく、先ほど述べた「救済ナンピン」の手法を駆使して、資金効率を高める投資行動をちゃんと意識しなければならないと思います。

しかしながら、リーマンショックやコロナショックのような「10年に一度」の株価暴落時には、**損失を計上せずに、いかに必要最低限の利回りを確保するか**という視点から考え直すことも重要です。

すなわち、

「救済ナンピンの手法を駆使して、損失を計上せずに売り抜けることを実践しつつ、保有期間中は、高い配当利回りによって、ある程度の利回りが確保されているので、慌てずにドンッと構える」

という思考回路が重要なのです。

ここでいう「高い配当利回り」とは「手取りで3％以上」です。

そして、「手取りで3％以上」の利回りというのは、冷静に考えれば、低金利時代が30年近く続いている現代の日本においては、「と

ても高い利回り」です。しかも、「最悪でも（手取りで3%以上の利回り）」です。

　これって実は、資産運用としては、「かなり成功している」ということなのです。

「極めて冷静」に考えれば、「『最悪でも』手取りで3%以上の利回り」というのは、「とても高い利回り」ですから、暴落時でも、焦らずに「ドンッと構えること」ができるようになる、というわけです。

　要するに、株式投資の本質論として、「高い配当利回り」というのは、決して軽視できない重要な要因であるということが、昨今のような株価暴落時には浮き彫りになってきます。

　皆さんも、今一度、「高い配当利回り」という、株式投資の本質論としての重要な一要素に立ち戻って、保有株の配当利回りを点検してみてください。

　そして、**「非常時においてさえ、3%もの運用ができていれば、投資としては成功しているのだ」**という原点に立ち返れば、コロナショックのような株価暴落時にも、心穏やかに過ごすことができると思います。

6-③限 株価暴落時に明らかになった「日経平均のPBR」の重要性

本講の最後に、株価暴落時に説明力を発揮する「日経平均のPBR」について、私の分析結果を解説します。

コロナショックにより、今後、株価がどうなるかはまったく予断を許さない状況になっています。この「日経平均のPBR」の分析を知っていただくことで、株価の暴落時に底値や戻り高値を導き出すための有用な道しるべを得ることができます。

「分析」といっても、その結果だけを簡単に解説します。数値的なデータがいっぱい出てきますが、ぜひついてきてください。

1 「日経平均のPER」とその「無機能化現象」

個別銘柄の株価の先行きも、往々にして日経平均株価の動きに連動します。ですから株式投資をする上で、日経平均株価の先行きを考えることは非常に大事です。そして、個別銘柄の株価や日経平均株価の割高・割安を考える時に誰もが注目する指標の代表格はなんといっても「PER」です。

$$PER（株価収益倍率）= \frac{株価}{1株当たり当期純利益（EPS）}$$

　しかし、このPERは、大暴落時にその機能を失うという問題があるのです。ここでは、「日経平均のPER」に関する一般論を述べた後で、リーマンショックとコロナショックの時に、日経平均のPERが「無機能化現象」を起こすことについて解説します。

● 「日経平均のPER」の概要

「日経平均のPER」は、日本経済新聞社が日々公表する指数で、日経平均採用の225銘柄の企業の株価収益倍率（収益力に比して株価が割高か割安か）を示しています。

　最近3年4カ月（2017年1月4日から2020年4月30日まで）における日経平均のPERの平均値は「13.55倍」です。そして、この期間における最低値は「10.60倍」で、最高値は「16.60倍」です。概ね「13.6倍±3.0倍」の範囲に収まっています。

　ということは、日経平均のPERの値を見るだけでも、**「12.0倍以下なら日本株はかなり割安な時期であり、15.0倍以上なら日本株は割高な時期である」**ということがわかります。これは平均値から見た、ざっくりとした判断基準です。

　ただし、2017年1月4日から2020年4月30日までよりも前の4年間、すなわち、2013年の年初から2016年の年末までは、日経平均のPERの値は全般的に、もう一段上の水準でしたから、何年

か経つと、このメド（＝「12.0倍以下なら日本株は割安な時期であり、15.0倍以上なら日本株は割高な時期である」ということ）も水準訂正される可能性はあります。つまり、このメドは、「当面のところは有効」ということです。

　さて、ここからが本題なのですが、2020年2月下旬以降に勃発した「コロナショック」の時における日経平均株価の最安値圏で、日経平均のPERの値は「10.60倍」という最低値を記録しました。他にも、2008年1月以降で日経平均のPERの値が「11.0倍以下」になった時の日経平均のPERの値を列挙すると、次のようになります。

大底時のデータ

- **2008年10月中（リーマン第一波）**
  日経平均7,100円台〜8,400円台
  PER 9.53倍〜10.95倍

- **2012年6月上旬（民主党不況の底）**
  日経平均8,200円台〜8,500円台
  PER 10.59倍〜10.96倍

- **2012年7月下旬（民主党不況の底）**
  日経平均8,300円台〜8,400円台
  PER 10.76倍〜10.95倍

- **2018年12月下旬（アベノミクス後初）**
  日経平均19,100円台〜19,300円台
  PER 10.76倍〜10.81倍

- **2020年3月中旬（コロナショック）**
  日経平均16,500円台〜17,000円台
  PER 10.60倍〜10.86倍

このようにまとめると一目瞭然になることがあります。それは、「日経平均のPERの値が11.0倍以下になったら、日経平均株価は大底である」ということです。

2012年12月から始まったアベノミクス後では、コロナショックになるまでは、日経平均のPERの値が11.0倍以下になったのは1回だけですし、コロナショックの時でさえ、10.60倍が大底です。

なお、上に挙げた大底の時期以外で、日経平均株価の月足チャートを見て、「これは明らかに底値圏だろう」と思われる時期の日経平均のPERの値も、参考までに列挙してみます。

底値圏の時のデータ

- **2011年3月15日（東日本大震災）**
  日経平均 8,605円　PER 13.04倍

- **2011年11月24日（民主党不況第一波）**
  日経平均 8,165円　PER 13.65倍

- **2013年6月13日（バーナンキショック）**
  日経平均 12,445円　PER 14.02倍

- **2015年9月29日（チャイナショック）**
  日経平均 16,930円　PER 13.37倍

- **2016年2月12日（世界同時株安）**
  日経平均 14,952円　PER 12.97倍

- **2016年6月24日（ブレグジット）**
  日経平均 14,952円　PER 12.62倍

- **2018年3月23日（世界同時株安）**
  日経平均 20,617円　PER 12.22倍

上記からは**「日経平均のPERの値が13.0倍を割ったら、日経平均株価は底値圏である」**ということがわかります。

　このように、日経平均のPERの値は、日経平均株価が割安であるかどうかを判断する上で、有用な基準を提供してくれます。

　しかし、問題点もあるのです。それは「日経平均のPERの値は、リーマンショックやコロナショックのような『10年に一度』の大きなショックが起こった後には『無機能化現象』を起こす」ということです。

● 日経平均のPERの「無機能化現象」について

　255ページの大底の時のデータにあるように、リーマンショックの時もコロナショックの時も、第一波の大底の時には、日経平均のPERの値はちゃんと機能していました。日経平均のPERの値が11.0倍を割ったところが大底だったからです。

　しかし、リーマンショックの時もコロナショックの時も、第一波の大底の時期が過ぎた後に、日経平均のPERの値が機能不全（＝無機能化現象）を起こしているのです。

① リーマンショックの時

　リーマンショックによる株価大暴落の第一波が過ぎ去った2009年1月下旬から、それは起こりました。

　2009年1月下旬というのは、リーマンショックが発生した直後の2008年10－12月期の四半期決算の発表が始まる時期です。2009年1月27日から、突如として日経平均のPERの値だけが急騰し始めました。日経平均株価は横ばいかむしろ下落傾向が始ま

っていたのに、PERの値だけが急騰し始めたのです。

　PERは株価を1株当たり利益で割ることで算出されますから、株価が下落しても、それ以上に利益が悪化することで、値が上がってしまいます。この時も企業業績が急激に悪化し始め、日経平均のPERの値を算出する時の基礎となる「日経平均のEPSの値（＝企業業績）」が急減し始めたため、日経平均のPERの値が急騰し始めたのです。

　「日経平均のEPS」というのは、次の算式によって求められる指数です。

$$\text{日経平均のEPS} = \frac{\text{日々の日経平均株価の終値}}{\text{日本経済新聞社が日々公表する日経平均のPER}}$$

　2009年1月27日に「17.02倍」だった日経平均のPERの値は4営業日後の同年2月2日には「25.14倍」になり、同月末には「72.04倍」に、同年3月27日には「100倍」を超えてしまい、完全に意味をなさなくなってしまったのです。そのおよそ1カ月後の同年4月23日には「285倍」となり、遂には企業業績が赤字に転落してしまったため、日経平均のPERの値は「算出不能」になってしまいました。

　その後、同年5月13日には企業業績が黒字に転換したため、日経平均のPERの値が算出されるようになりましたが、その値は40倍とか30倍台とかの高すぎる水準にずっと放置され、20倍以下

のまともな水準に戻ったのは2010年の5月14日でした。

　およそ1年と3カ月半の長きにわたって、日経平均のPERの値は
つかい物にならなかったのです。

② コロナショックの時

　そして、今回のコロナショックでも、これと似たような現象が起こ
っています。

　2020年5月12日に「18.64倍」だった日経平均のPERの値は、
翌日の5月13日に突如として「23.74倍」に跳ね上がりました。「こ
れは異常に高いな」と思っていましたら、同年5月18日に、日本
経済新聞に次のようなコメントが掲載されました。

　「新型コロナウイルスの感染拡大で業績予想の開示を見送る企業
が相次ぎ、日経予想の作成に時間がかかっています。予想を作成
できない間はシステム上、利益や配当をゼロとして投資指標を算出
しているため、株価収益率（PER）や配当利回りなどが異常値に
なっています。」

　そして、その文末に、
「数値算出方法の見直し等について検討しており、できるだけ早期
に対応します。」
と述べられていました。

　要するに、業績予想の開示を見送る企業が多すぎて、株価収益
率（PER）や配当利回りなどの値が異常値になってしまいますよ、
ということです。

　私が業績をチェックしている240社余りの企業でも、半分強の企
業が業績予想の開示を見送りました。

そして、同年5月26日には、文末の「数値算出方法の見直し等（中略）早期に対応します。」の部分が削除され、その代わりに次のようなコメントが掲載されました。

「このため日経予想を作成できた企業のみを対象にした指標を暫定的に算出します。」

　つまり、数値算出方法を見直した結果、日経予想を作成できた企業のみを対象にした指標を暫定的に算出することにした、というわけです。

　そして、同年の5月13日から6月5日までは20倍以上の値が続きました。その後、6月8日から8月5日までは17倍台〜19倍台の値が続き、2020年度の第1四半期決算発表がピークを迎えた8月6日以降（9月8日まで）は再び20倍〜22倍台で推移しています。日経平均のPERの値が1カ月以上も20倍を超えて推移し続けているのはやはり異常なことなので、リーマンショックの後の時と同様、当分の間、日経平均のPERの値は、「つかい物にならない」ということになります。

　このような時に威力を発揮するのが「日経平均のPBR」の値です（「PER」ではなく、「PBR」です）。

2 「日経平均のPBR」の重要性

　1で述べたように、大きなショックが起こった後には日経平均のPERの値が無機能化現象を起こすことがわかっています。

　しかし、日経平均の「PBR」の値は、日経平均の「PER」の

値のようにはブレません。すなわち、つかい物にならなくなる時期が
ないのです。

　平時においては、日経平均の「PBR」の値はブレなさすぎるが
ために、指標として「機動的な基準性」に欠ける面があるのです
が、日経平均のPERの値が、大きなショックによって無機能化現
象を起こした時には、非常に有用な基準となることが、今回のコロ
ナショックで明らかになりました。

　リーマンショックがあった2007年1月4日から2020年6月8日
までの日経平均のPBRのデータを基にして、過去13年5カ月間に
おける日経平均株価の主な高値と安値の時期に日経平均のPBR
の値がどうなっていたかを次ページの**表8**にまとめました。

　この表から、リーマンショックの前はPBRの水準が高かった、
ということがわかります。ですから、以下ではリーマンショックとそ
れ以降のおよそ12年間のデータで分析を進めます。

　安値PBRの値を集計すると、「0.81倍～1.16倍」の範囲に収ま
っています。

　これをさらに、安値を付ける前の高値PBRの値が「1.20倍以下」
の事例だけに絞ります。安値を付ける前の高値PBRの値が比較的
高いと、安値PBRの値も高めになっているのですが、2019年以降
の高値PBRの値が最高でも1.18倍であることと、2020年6月8日
に高値PBRの値が1.13倍を付けたことから、安値を付ける前の高
値PBRの値が比較的高い事例を除外するのです。

　安値を付ける前の高値PBRの値が「1.20倍以下」の事例だけ
に絞ると、次のようになります。

表8　日経平均のPBRの高値と安値
（2007/01/01から2020/06/08まで）

日付	高値/安値	日経平均株価	日経平均のPBR		日経平均のBPS		コメント
2007/2/26	高値	18,215.35		2.28	7,989	7,000円台	
2008/3/17	安値	11,787.51	1.34		8,797	8,000円台	リーマンショックの前はPBRの水準が高かった
2008/6/4	高値	14,435.57		1.71	8,442		
2008/10/27	安値	7,162.90	0.87		8,233	8,000円台	リーマンショックの底値
2008/11/5	高値	9,521.24		1.13	8,426		短期的な戻り高値
2009/3/10	安値	7,054.98	0.81		8,710		リーマンショックの二番底
2010/4/5	高値	11,339.30		1.45	7,820	7,000円台	民主党政権下の最高値
2011/3/15	安値	8,605.15	1.02		8,436	8,000円台	東日本大震災
2011/5/2	高値	10,004.20		1.15	8,699		戻り高値
2011/11/25	安値	8,160.01	0.90		9,067	9,000円台	民主党政権下の不況
2013/12/30	高値	16,291.31		1.50	10,861	10,000円台	
2014/5/21	安値	14,042.17	1.16		12,105	12,000円台	
2015/6/24	高値	20,868.03		1.42	14,696	14,000円台	
2015/9/29	安値	16,930.84	1.14		14,852		チャイナショック
2015/12/1	高値	20,012.40		1.34	14,935		戻り高値
2016/2/12	安値	14,952.61	0.99		15,104	15,000円台	2016年世界同時株安
2016/4/22	高値	17,572.49		1.17	15,019		戻り高値
2016/6/24	安値	14,952.02	1.03		14,517	14,000円台	BREXIT（世界同時株安の二番底）
2018/1/23	高値	24,124.15		1.39	17,356	17,000円台	一番天井
2018/3/23	安値	20,617.86	1.15		17,929		2018年　世界同時株安
2018/10/2	高値	24,270.62		1.29	18,814	18,000円台	二番天井
2018/12/25	安値	19,155.74	0.99		19,349	19,000円台	消費税増税ショック
2019/3/4	高値	21,822.04		1.15	18,976	18,000円台	戻り高値
2019/8/26	安値	20,261.04	1.01		20,060	20,000円台	揺り戻しの安値
2020/1/20	高値	24,083.51		1.18	20,410		三番天井
2020/3/16		17,002.04	0.82		20,734		コロナショックのPBRの一番底
2020/3/19	安値	16,358.19	0.84		19,474	19,000円台	コロナショックの株価の一番底
2020/3/25	高値	19,564.38		0.95	20,594		短期的な戻り高値
2020/4/2	安値	17,818.72	0.87		20,481	20,000円台	揺り戻しの安値
2020/6/8	高値	23,178.10		1.13	20,512		戻り高値

日経平均のPBRの高値と安値が付いた日の終値ベースで記録

安値を付ける前の		
高値PBRの値		安値PBRの値
1.17倍	→	1.03倍
1.15倍	→	1.01倍
1.15倍	→	0.90倍
0.95倍	→	0.87倍
1.18倍	→	0.82倍
1.13倍	→	0.81倍

　このように集計してみると、次にやって来る安値PBRの値は、「1.0倍強」か「0.90倍弱」か「0.82倍前後」の3つのパターンのいずれかになるであろうと予測できます。

　2020年6月12日における日経平均のBPSの値が「20,653円」であることから、2020年6月下旬以降にやって来る日経平均株価の安値は、「20,653円強」か「18,588円弱」か「16,935円前後」のいずれかであろうということになります。次にやって来る日経平均株価の安値が「16,935円前後」であれば、典型的な「二番底」になります。

　ただし、もし2020年6月12日以降にやって来る日経平均株価の安値が「20,653円強」かそれ以上であれば、2020年の年央以降は、資産インフレによる株高が起こっていると考えられます。2020年6月12日以降、同年9月8日までの安値は「21,529円（6月15日）」なので、同年9月8日の時点では、やはり「資産インフレによる株高」が起こっていると判断できます。

　このように、「日経平均のPBRの値」は、日経平均株価の安値や高値を予測するのに非常に有用な指標であるということがわかり

ます。

　なお、**表9**に、リーマンショック時代とコロナショックの日経平均のPBRの比較（終値ベース）と東日本大震災前後の日経平均のPBRの値を集計しました。これらの比較によって、日経平均株価の「歴史的な安値」を予測するのにお役立てください。

表9　リーマンショック時代とコロナショックの
日経平均のPBRの比較（終値ベース）

■ リーマンショック時代

日付	日経平均株価	日経平均のPBR	日経平均のBPS		コメント
2008/7/24	13,603.31	1.59	8,556		リーマンショック前でPBRの値が一番高かった時
2008/10/27	7,162.90	0.87	8,233		リーマンショックの一番底
2008/11/4	9,114.60	1.07	8,518		一番底から8日後に戻り高値
2008/11/5	9,521.24	1.13	8,426	8,000円台	この値は1日だけ突出しているので度外視
2008/11/20	7,703.04	0.90	8,559		一番底から24日後に安値
2009/1/7	9,239.24	1.04	8,884		一番底から72日後に再度高値
2009/3/10	7,254.98	0.81	8,957		リーマンショックの二番底。一番底から4カ月半後
2009/6/12	10,135.82	1.31	7,737	7,000円台	戻り高値。この後は、株価回復過程へ

■ コロナショックの昨今

日付	日経平均株価	日経平均のPBR	日経平均のBPS		コメント
2020/1/20	24,083.51	1.18	20,410		コロナショック前の最高値
2020/3/16	17,002.04	0.82	20,734	20,000円台	コロナショックによるPBRの値の一番底
2020/3/19	16,552.83	0.84	19,706	19,000円台	コロナショックの日経平均株価の一番底
2020/3/25	19,546.63	0.95	20,575		一番底から6日後に戻り高値
2020/4/2	17,818.72	0.87	20,481	20,000円台	一番底から14日後に安値
2020/6/8	23,178.10	1.13	20,512		戻りの高値圏。一番底から81日後

■ <参考>東日本大震災前後

日付	日経平均株価	日経平均のPBR	日経平均のBPS		コメント
2011/2/21	10,857.53	1.29	8,417		震災前の高値
2011/3/15	8,605.15	1.02	8,436	8,000円台	一時的なショックのためPBRは1.02倍までしか下がらず
2011/3/22	9,608.32	1.14	8,428		1週間で戻り高値

Column ⑧

青山学院大学「お金の授業」実況中継　その2

> Q. 資産運用をする時に一番気をつけていること
> は？

国際政経学部
3年生 Y.K. さん
＜女性＞

当たり前かもしれませんが、資産運用をする時に一番気をつけてい
ることは「損はしないこと」です。

「一番の失敗は、損益トントンで売り抜けたことだ」といえるように心
がけています。つまり、ハイリスク・ハイリターンの投資手法は避け
て、堅実に安値を拾っていくのです。そして、買った株の株価が1割ま
たは2割下がったら、勇気を出して買い増しをします。下がった時に買
い増しをしても大丈夫なような、堅実で優良な銘柄しか買わないよう
にしています。そして、買い増しによって買い値の平均単価を切り下
げておいて、株価が損益トントンかプラスになったら売ります。これで
「損はしない」ですよね。

このようにして、損をしないようにしながら、小さくてもいいので利
益をコツコツと積み上げていけば、時間はかかるかもしれませんが、
かなりの資産を形成することができます。

なお、少し話は飛躍しますが、ウォーレン・バフェットが「儲けそこね
は損と同じ」といっていますが、私はこの意見はちょっと違うと思うん
です。

「儲けそこね」というのは儲けられなかったというだけであって、損を
したわけではありませんよね。財産は（増えてもいませんが）減っても

いない。であればOKじゃないですか、というのが私の経済感覚です。「儲けそこねても仕方ない。でも、損だけはしない」。このほうが堅実です。儲けそこねが損と同じなら、ウォーレン・バフェットより儲けそこねている人類全員（ビル・ゲイツ氏を除く）は、大損をしているのか!?ということになっちゃいますよね。

　話を元の話と関連付けると、「多少は儲けそこねてもいいから、損だけはしないように」というディフェンシブな（防御的な）投資スタンスが、長期の資産運用には重要なポイントだと思うのです。

> **Q. 投資対象リストを作るにあたって、どのようにして調べていったんですか？**

　投資対象リストを作るにあたっては、基本的にはコツコツと1次情報、すなわち各企業が公表する決算短信を見ていく必要があります。
　ただ、それだけではさすがに大変なので、ネット証券の口座に付帯しているスクリーニング機能を補助的に用います。BPS（1株当たり純資産）や自己資本比率でスクリーニングできる機能を活用します。
　しかし、投資対象リストを作る際には手間を惜しんではいけません。投資対象リストは、投資資金を何百万円も何千万円も投じ込む基礎となる資料ですし、それによって何十万円も何百万円もの利益を得ようとしているわけですから、かけた手間には見合うはずです。あまり楽をして稼ごうなんていうことは考えないほうがいいでしょう。
　100時間の手間をかけても、それによって100万円儲かれば、時給は1万円にもなります。また、投資対象リストはひとたび作れば、あとは半年か1年に一度くらいの頻度で更新すればいいだけですから、

最初だけは手間をかけましょう。

Q. 株式投資に関する1日の生活サイクルを知りたいです。

　株式投資に関する私個人の1日の生活サイクルについてお話ししますね。参考になればいいのですが。

　まず朝起きたら、とりあえず株価をチェックします。株式市場は朝9時から始まるのですが、必ずしも9時前に起きているわけではありません。私は午前中には仕事のない日がほとんどですので、だいたい9時から10時に起きて、日経平均株価と持ち株の株価をチェックします。

　朝一番で売買すべき銘柄がある時は、9時前には起きて相場に張り付きますが、そういうことは1年に数回しかないように思います。

　そして、暇がある時にはときおり保有銘柄の株価をチェックしますが、あくまでも「暇がある時」にチラチラと見るだけです。多い時で、1日に数回です。

　株式市場が15時に終わってからその日の夜中までのどこかのタイミングで、日経平均株価とそのPER・PBRの値と、保有株式の時価評価額を毎日記録しています。日経平均のPER・PBRの値は毎日18時半過ぎにネット上の日経新聞に発表されるので、この作業は18時半過ぎにやることが多いです。この作業は、1〜2分しかかからない簡単なものですが、毎日やるのが肝心です。また、売買をした日は、その記録をしていますが、これも1〜2分しかかかりません。数千万円の売買をしても数万円の売買をしても、それを記録するのには1〜2分しかかかりませんから、あっけないものです。

　通常の日はこれくらいしかしていません。

忙しいのは、投資対象企業の四半期決算発表がたて込む時期です。投資対象企業の四半期決算発表を見て、増益を発表した企業があれば、それをProf.サカキ式投資法の「アクティブ投資」の評価方式に従って評価して、その株を買うかどうかを意思決定します。決算の集中日には、Prof.サカキ式投資法の投資対象銘柄だけでも1日で20～30社とかそれ以上の企業が決算発表をするので、そういう日は、場中（午前9時～午後3時）でもできるだけ決算発表をチェックするようにしています。また、午後3時以降に決算発表をする企業が多いので、決算の集中日には1日に2時間くらい決算発表をチェックする時間を取ることがあります（これは「アクティブ投資」という投資手法に必要な作業で、この投資手法は本書では扱っていません。詳しくは、拙著の『現役大学教授が実践している堅実で科学的な株式投資法』（PHP研究所）をご参照ください）。

　あとは、随時、投資対象企業の企業分析をしたり、投資手法をさらに洗練させるべく調査分析をしたりしますが、これは随時行っているので、毎日の作業ではありません。

　上述のすべてを含め、株式投資に関する所要時間は年間で240時間前後です。月に20時間程度、1日平均に換算したら40分程度ということになります。ただし、私は専門家としてかなり多くの株式投資に関する調査分析・記録・データ収集などをやっています。そんな私でも1日40分程度なのですから、普通の人は平均したら1日にほぼゼロ～数分くらいというのが実情ではないでしょうか。

　ですから、「忙しい」ということを理由に株式投資ができないということは「ない」と断言できます。

Q. 首都直下型地震などの大災害の時、保有している株は売るか？　待つか？

　まず答えを単刀直入にいえば、「手遅れでなければ即座に売る。しかし、手遅れっぽいなと思ったら、戻るのを待つ」というのが適切な行動であろうと思います。というのも、首都直下型地震といったような大災害が発生した場合、株価下落は急速で、様子が落ち着けばまた株価は戻るものだからです。

　2011年3月11日に発生した東日本大震災を例にしていえば、地震が発生した日の2営業日後（暦では4日後）には大底に達して、その後、株価は回復に向かっています。地震発生の当日か、翌営業日の寄り付きに売れれば間に合いますが（売る意味はありますが）、それよりも遅れたら、もう売らずに戻るのを待ったほうがいいというわけです。

　東日本大震災が発生したのは2011年3月11日金曜日の14時46分でした。もし発生直後にその情報を得ていれば、15時に株式市場が終わるまでの14分間に株を売ることはできたと思います。その場合は、即座に売るのが正解ですね。

　東日本大震災発生直前の日経平均株価は10,300円前後で、その日の終値は10,254円でした。

　株価はその後、3月14日の引け後に福島第一原発の事故が報道されたこともあり、3月15日に大底（8,227円）が付きましたが、株式市場においては、パニックというのは比較的短期で収束することが多いのです。翌16日には9,168円まで1,000円近く戻り、その後も戻り歩調となって、4月1日には9,822円、5月2日には10,017円まで戻っています。

そして大事なことは、もし仮に地震の発生当日か翌営業日の寄り付きで上手に売れたとしても、大底を見極めたところでは、即座に買い戻すべきだということです。たとえば東日本大震災の例でいえば、10,254円（地震発生日の日経平均株価の終値）か10,044円（地震発生の翌営業日の寄り付きの日経平均株価）で売ったとして、15日のセリングクライマックスを見極め、翌営業日かその次の営業日に9,000円前後まで戻ったら、そこで即座に買い戻さなければいけないというわけです。その後ほどなくして日経平均株価は10,000円以上に戻っていくのですから。

　大きな災害が起きた際には損切りもやむなしではありますが、近々現れるであろう大底を見極めた直後に、必ず買い戻して挽回を図らなければいけないということです。

講義の後に
皆さんの笑顔を求めて

　株式投資を実践する目的は、究極的には「年率で数％以上の運用能力を身につけること」ですが、より現実的な課題としては、「老後対策」だと思うのです。「老後資金」を形成することと「老後の年金代わりの収入を確保すること」です。

　世の中にあまたある「老後本（老後のことを取り扱った書籍）」を私も数十冊くらい読みあさりました。その結果として「60歳時にローンのない家と3,000万円を持っていて、65歳まで働く」というのが、老後対策に関する適切な答えであるという結論に達しました（年金はオマケですが、月額20万円ももらえるならば申し分はありません）。

　もちろん、「老後には3,000万円もいらない」と説く本もありますが、それには必ず、「節約する」か「65歳を過ぎてもできるだけ長く働く」かという条件が付いています。第1部で取り上げた「報告書」でも明らかにされたように、年金の不足額は少なくとも毎月5万円はあって、それが30年分となれば小学生の算数で、1,800万円は必要であるということがわかります。

> 5万円 × 12カ月 × 30年 ＝ 1,800万円

　その上、予備費として毎月3万円を予定すれば、これまた小学生の算数で、先ほどの1,800万円と合わせて2,880万円は必要で

あるということがわかります。

3万円 × 12カ月 × 30年 = 1,080万円
1,800万円 + 1,080万円 = 2,880万円

　そして、老後を迎えようとする55歳以下の多くの人の本音は、
「老後においても、できれば節約人生は送りたくない」し、
「65歳を過ぎても、生活のために働かざるを得ないというのは避け
たい」
というところだと思います。
「社会参加や社会貢献のために、または、ボケ防止のためにも
65歳を過ぎても働く」というのと「生活のために、65歳を過ぎても
働かざるを得ない」というのはまったく別の次元のことです。前者な
ら精神的にかなりの余裕を持って働けますが、後者は単なる「辛く
厳しい義務」でしかないからです。

　ぶっちゃけ、私も
「できれば節約人生は送りたくない」し、
「65歳を過ぎても、生活のために働かざるを得ないというのは避け
たい」
と思っています。そしてそのためには、できるだけ若いうちから「リス
クを取りつつ、そのリスクを管理しながら、お金に働いてもらう」し
かないのです。そうすることで、老後に向けて潤沢な資金を準備で
きれば、売買による積極的な運用を停止した後も、配当の受け取り
というかたちでお金に働き続けてもらうことができるようになります。

若いうちから株式投資の利益だけで食べていこうなどということは、私は健全だとは思いません。若い時こそ、社会貢献と社会参加が大切です。若いうちから株式投資をするのは望ましいことですが、それは老後に潤沢な資金を準備するための資産形成の手段として行うことであって、遊んで暮らすために株式投資で稼ごうなどということは（ごくごく一部の天才を除けば）、きっとうまくいかないでしょう。

　しかし、株式投資は資産形成の手段としては最適ですし、なんといっても65歳を過ぎたら、一般的な会社員にはもう本業がないのですから、株式投資で食べていっても、なんらおかしくはないと思うのです。定年退職後は、株のトレーダーに転職するのです。しかも、75歳からはトレーダーも廃業して、配当の受け取りだけがメインの「悠々自適の配当生活」です。

　要するに、極論すれば、

株式投資の勉強をして、リスクを取って
資産運用を開始しますか？

それとも、

老後破産の現実を受け入れますか？

ということに尽きてしまうのです。私は断然、前者を選びます。

　株式投資の方法論につきましては、本書の第2部を熟読していた

だければと思います。本書に、現時点までにおける私の株式投資に関するエッセンスを注ぎ込んであります。

　そして第1部の第3講で、お金のライフプランを立てることの重要性と、その方法論を簡潔に述べてきました。そして、それが十人十色、千差万別なもので、各人が「自分ごと」として、自分で考え、真剣に取り組まなければならないことなのだということを、皆さんに知っていただきたいという想いで、本書に書き加えました。

　本書を完成する過程で、西村真紀子氏に校正を手伝っていただきました。感謝しています。そして最後になりましたが、PHP研究所ビジネス編集部の吉村健太郎氏に感謝の意を表したいと思います。吉村健太郎氏は、私が著した初期の株式投資関連の書物の編集を手がけてくださいました。そして、ご縁をいただいて本書の編集も担当していただくことになりました。本書が世に出ることができたのは、ひとえに吉村健太郎氏のご助力によるものであると思います。

　最後までお読みいただき、ありがとうございました。
　皆さんが老後の不安から解放され、笑顔になってくださることを願ってやみません。

巻末付録　財務優良企業

★ 国際優良企業にも該当

	No.	Code	銘柄名	1日平均の売買高 (万円)	純資産簿価 50,000百万円以上
	1	9437	NTTドコモ		5,249,927
★	2	6902	デンソー		3,397,136
★	3	1605	国際石油開発帝石		3,238,725
★	4	4063	信越化学工業		2,723,141
★	5	6971	京セラ		2,432,134
★	6	5108	ブリヂストン		2,217,452
★	7	6861	キーエンス		1,758,083
	8	4578	大塚HD		1,744,636
★	9	6981	村田製作所		1,694,104
★	10	7974	任天堂		1,540,900
★	11	6954	ファナック		1,362,865
★	12	4568	第一三共		1,305,809
★	13	6273	SMC		1,253,266
	14	4519	中外製薬		854,118
★	15	8035	東京エレクトロン		829,692
	16	4661	オリエンタルランド		820,257
	17	9404	日本テレビHD		751,751
	18	4581	大正製薬HD		741,707
	19	6963	ローム		715,479
	20	6988	日東電工		689,446
★	21	4507	塩野義製薬		683,647
	22	4151	協和発酵キリン		672,707
★	23	7741	HOYA		645,042
	24	9401	東京放送HD		591,931
	25	6586	マキタ		571,275
	26	4528	小野薬品工業		562,484
	27	9843	ニトリHD		560,861
	28	4182	三菱瓦斯化学		548,141
	29	6645	オムロン		530,415
	30	7276	小糸製作所		513,524
	31	7309	シマノ		482,519
	32	5214	日本電気硝子		464,434
	33	1944	きんでん		464,235
	34	7832	バンダイナムコHD		454,684
	35	1662	石油資源開発		440,157
	36	6113	アマダHD		431,091
	37	9076	セイノーHD		429,914
	38	6923	スタンレー電気		397,989
	39	4202	ダイセル		392,583
	40	5334	日本特殊陶業		389,795

HD = ホールディングス

BPS 1,000円以上	自己資本比率 60%以上	決算月	データの日付	四半期	備考
1,626	69.7	3	2020.4.28	4Q	
4,384	60.1	3	2020.4.30	4Q	
2,218	63.2	12	2020.5.12	1Q	
6,378	82.1	3	2020.4.28	4Q	
6,711	74.8	3	2020.4.27	4Q	
3,149	55.4	12	2020.5.11	1Q	注
7,249	95.8	3	2020.4.28	4Q	
3,217	68.9	12	2020.5.28	1Q	
2,648	75.3	3	2020.4.30	4Q	
12,934	79.7	3	2020.5.7	4Q	
7,064	89.6	3	2020.4.24	4Q	
2,015	62.0	3	2020.4.27	4Q	
18,795	89.9	3	2020.5.15	4Q	
1,560	81.7	12	2020.4.23	1Q	
5,268	64.1	3	2020.4.30	4Q	
2,506	81.2	3	2020.4.28	4Q	
2,921	80.0	3	2020.5.14	4Q	
8,912	83.4	3	2020.5.14	4Q	
7,186	84.2	3	2020.5.11	4Q	
4,479	74.8	3	2020.4.27	4Q	
2,249	88.3	3	2020.5.11	4Q	
1,253	87.0	12	2020.5.1	1Q	
1,720	79.5	3	2020.5.8	4Q	
3,356	73.9	3	2020.5.14	4Q	
2,104	84.7	3	2020.5.21	4Q	
1,127	83.5	3	2020.5.12	4Q	
4,984	82.0	2	2020.4.6	4Q	
2,368	63.8	3	2020.5.12	4Q	
2,627	70.0	3	2020.4.23	4Q	
2,989	65.8	3	2020.5.28	4Q	
5,205	90.6	12	2020.4.28	1Q	
4,807	70.2	12	2020.4.28	1Q	
2,189	70.8	3	2020.4.27	4Q	
2,045	72.5	3	2020.5.20	4Q	
7,046	64.2	3	2020.5.14	4Q	
1,240	77.2	3	2020.5.20	4Q	
2,161	64.4	3	2020.5.13	4Q	
2,214	72.5	3	2020.4.27	4Q	
1,167	60.6	3	2020.5.27	4Q	
1,898	60.2	3	2020.5.25	4Q	

注：ブリヂストンは自己資本比率が60%以下だが、注目すべき企業のため例外的に掲載

No.	Code	銘柄名	1日平均の売買高 (万円)	純資産簿価 50,000百万円以上
41	9602	東宝		388,212
42	8227	しまむら		365,901
43	1881	NIPPO		362,273
44	9409	テレビ朝日HD		352,518
45	5444	大和工業		342,606
46	5947	リンナイ		340,959
47	9364	上組		337,744
48	7951	ヤマハ		325,409
49	8060	キヤノンマーケティングジャパン		324,700
50	4114	日本触媒		319,699
51	2875	東洋水産		317,994
52	1721	コムシスHD		310,694
53	6806	ヒロセ電機		306,141
54	6460	セガサミー HD		296,858
55	9301	三菱倉庫		286,356
56	2810	ハウス食品グループ本社		280,930
57	2801	キッコーマン		277,757
★ 58	6869	シスメックス		277,683
59	2670	エービーシー・マート		271,809
60	9766	コナミHD		268,943
61	6417	SANKYO		269,521
62	5463	丸一鋼管		267,282
63	4205	日本ゼオン		260,358
64	7313	テイ・エス テック		254,745
65	8282	ケーズHD		252,421
66	4530	久光製薬		250,746
67	3626	TIS		247,957
68	6370	栗田工業		242,442
69	4922	コーセー		240,202
70	4684	オービック		238,392
71	6465	ホシザキ		237,924
72	6592	マブチモーター		234,754
73	6857	アドバンテスト		231,452
74	3088	マツモトキヨシHD		229,304
75	6146	ディスコ		226,890
76	9684	スクウェア・エニックス・HD		221,928
77	1417	ミライト HD		218,710
78	2206	江崎グリコ		216,589
79	7984	コクヨ		215,930
80	4540	ツムラ		213,048

HD = ホールディングス

BPS 1,000円以上	自己資本比率 60%以上	決算月	データの日付	四半期	備考
2,092	76.7	2	2020.4.14	4Q	
9,956	89.7	2	2020.3.30	4Q	
2,956	65.1	3	2020.5.13	4Q	
3,380	78.5	3	2020.5.14	4Q	
4,751	83.0	3	2020.5.15	4Q	
6,141	70.1	3	2020.5.8	4Q	
2,850	83.9	3	2020.5.14	4Q	
1,851	68.6	3	2020.5.26	4Q	
2,499	66.4	12	2020.4.22	1Q	
8,017	67.2	3	2020.5.8	4Q	
3,003	76.2	3	2020.5.15	4Q	
2,425	68.3	3	2020.5.13	4Q	
8,436	89.3	3	2020.5.28	4Q	
1,251	64.2	3	2020.5.13	4Q	
3,298	60.5	3	2020.4.30	4Q	
2,469	67.7	3	2020.5.12	4Q	
1,419	70.3	3	2020.5.12	4Q	
1,330	71.3	3	2020.5.12	4Q	
3,279	87.0	2	2020.4.8	4Q	
2,013	64.0	3	2020.5.14	4Q	
4,380	82.4	3	2020.5.12	4Q	
3,109	83.0	3	2020.5.13	4Q	
1,177	63.5	3	2020.4.28	4Q	
3,746	74.5	3	2020.5.15	4Q	
1,183	64.6	3	2020.5.14	4Q	
3,046	80.9	2	2020.4.10	4Q	
2,890	63.3	3	2020.5.12	4Q	
2,159	62.5	3	2020.5.18	4Q	
3,920	72.5	3	2020.4.30	4Q	
2,680	90.1	3	2020.4.23	4Q	
3,264	67.1	12	2020.5.11	1Q	
3,536	92.0	12	2020.4.28	1Q	
1,167	65.1	3	2020.4.24	4Q	
2,234	65.2	3	2020.5.13	4Q	
6,274	82.2	3	2020.4.23	4Q	
1,854	73.1	3	2020.5.13	4Q	
2,006	61.2	3	2020.5.8	4Q	
3,336	64.6	12	2020.5.11	1Q	
1,810	71.2	12	2019.10.28	4Q	
2,684	66.0	3	2020.5.11	4Q	

No.	Code	銘柄名	1日平均の売買高 (万円)	純資産簿価 50,000百万円以上
81	1941	中電工		212,043
82	4272	日本化薬		210,019
83	6965	浜松ホトニクス		209,867
84	9719	SCSK		208,072
85	1883	前田道路		206,889
86	3591	ワコールHD		205,371
87	6925	ウシオ電機		200,705
88	7278	エクセディ		196,938
89	4045	東亞合成		193,913
90	9072	ニッコンHD		193,296
91	4547	キッセイ薬品工業		192,970
92	7966	リンテック		192,298
93	8595	ジャフコ		188,366
94	8184	島忠		187,080
95	9989	サンドラッグ		186,822
96	4021	日産化学工業		185,528
97	6845	アズビル		185,301
98	2432	ディー・エヌ・エー		180,486
99	4403	日油		178,716
100	4203	住友ベークライト		177,138
101	1950	日本電設工業		173,758
102	6103	オークマ		171,375
103	4095	日本パーカライジング		170,947
104	4967	小林製薬		170,432
105	2229	カルビー		169,632
106	7862	トッパン・フォームズ		168,956
107	7222	日産車体		168,792
108	6134	FUJI		167,939
109	5451	淀川製鋼所		167,291
110	7981	タカラスタンダード		166,741
111	4023	クレハ		164,990
112	2327	新日鉄住金ソリューションズ		155,392
113	4186	東京応化工業		149,220
114	5449	大阪製鐵		148,394
115	4516	日本新薬		145,760
116	9948	アークス		144,580
117	4041	日本曹達		144,440
118	4206	アイカ工業		144,414
119	4665	ダスキン		142,031
120	4527	ロート製薬		140,032

HD = ホールディングス

BPS	自己資本比率	決算月	データの日付	四半期	備考
1,000円以上	60%以上				
3,739	76.1	3	2020.4.28	4Q	
1,226	75.2	3	2020.5.19	4Q	
1,356	79.6	9	2020.5.12	2Q	
2,000	60.6	3	2020.4.28	4Q	
2,491	77.7	3	2020.5.14	4Q	
3,291	74.0	3	2020.5.15	4Q	
1,665	73.0	3	2020.5.12	4Q	
4,200	65.4	3	2020.4.30	4Q	
1,473	79.4	12	2020.5.8	1Q	
2,933	64.8	3	2020.5.22	4Q	
4,120	83.0	3	2020.5.12	4Q	
2,654	68.7	3	2020.5.8	4Q	
6,090	84.8	3	2020.4.22	4Q	
4,417	78.1	8	2020.4.9	2Q	
1,598	65.7	3	2020.5.16	4Q	
1,264	73.7	3	2020.5.15	4Q	
1,313	66.7	3	2020.5.20	4Q	
1,432	70.6	3	2020.5.14	4Q	
2,141	75.6	3	2020.5.13	4Q	
3,764	62.5	3	2020.5.18	4Q	
2,625	62.4	3	2020.4.28	4Q	
5,198	77.3	3	2020.4.28	4Q	
1,203	66.1	3	2020.5.13	4Q	
2,180	76.8	12	2020.4.28	1Q	
1,221	75.9	3	2020.5.14	4Q	
1,496	75.8	3	2020.4.28	4Q	
1,246	63.8	3	2020.5.14	4Q	
1,835	84.4	3	2020.5.12	4Q	
5,116	74.6	3	2020.5.12	4Q	
2,280	65.0	3	2020.5.15	4Q	
8,453	66.8	3	2020.5.13	4Q	
1,633	62.2	3	2020.4.28	4Q	
3,421	77.3	12	2020.5.13	1Q	
3,762	72.9	3	2020.4.28	4Q	
2,160	83.1	3	2020.5.13	4Q	
2,558	62.2	2	2020.4.17	4Q	
4,734	67.1	3	2020.5.19	4Q	
1,994	63.9	3	2020.4.30	4Q	
2,873	76.6	3	2020.5.15	4Q	
1,218	64.5	3	2020.5.12	4Q	

No.	Code	銘柄名	1日平均の売買高 (万円)	純資産簿価 50,000百万円以上
121	3098	ココカラファイン		139,653
122	8214	AOKI HD		139,209
123	6136	オーエスジー		138,074
124	6967	新光電気工業		137,658
125	6807	日本航空電子工業		136,499
126	7458	第一興商		136,205
127	6005	三浦工業		133,272
128	4471	三洋化成工業		130,097
129	5423	東京製鐵		129,892
130	4521	科研製薬		128,468
131	9830	トラスコ中山		127,818
132	2659	サンエー		126,912
133	4569	キョーリン製薬HD		122,710
134	8871	ゴールドクレスト		122,565
135	5946	長府製作所		122,130
136	6849	日本光電工業		121,774
137	7296	エフ・シー・シー		120,869
138	4534	持田製薬		120,665
139	9832	オートバックスセブン		119,966
140	4733	オービックビジネスコンサルタント		118,525
141	8281	ゼビオHD		117,251
142	6641	日新電機		113,415
143	4551	鳥居薬品		113,138
144	6436	アマノ		109,478
145	7729	東京精密		109,674
146	3002	グンゼ		109,139
147	6222	島精機製作所		107,950
148	7817	パラマウントベッドHD		107,066
149	3087	ドトール・日レスHD		106,139
150	5186	ニッタ		105,387
151	3191	ジョイフル本田		103,179
152	5331	ノリタケカンパニーリミテド		103,757
153	1377	サカタのタネ		102,853
154	6804	ホシデン		100,767
155	8022	美津濃	15,018	99,255
156	6349	小森コーポレーション	16,602	97,979
157	6744	能美防災	15,042	97,671
158	7864	フジシールインターナショナル	47,435	97,639
159	6737	EIZO	24,576	95,979
160	7739	キヤノン電子	11,961	96,076

HD = ホールディングス

BPS 1,000円以上	自己資本比率 60%以上	決算月	データの日付	四半期	備考
4,661	67.0	3	2020.5.13	4Q	
1,641	60.5	3	2020.5.20	4Q	
1,420	66.5	11	2020.4.10	1Q	
1,019	67.5	3	2020.4.27	4Q	
1,499	70.4	3	2020.4.24	4Q	
2,386	74.0	3	2020.5.13	4Q	
1,183	71.2	3	2020.5.15	4Q	
5,790	71.4	3	2020.5.8	4Q	
1,015	72.8	3	2020.4.30	4Q	2020/1 新規
3,301	81.4	3	2020.5.22	4Q	
1,938	64.6	12	2020.5.11	1Q	
3,865	73.3	2	2020.4.7	4Q	
2,142	71.7	3	2020.5.12	4Q	
3,476	64.8	3	2020.5.14	4Q	
3,516	93.0	12	2020.5.14	1Q	
1,430	72.6	3	2020.5.13	4Q	
2,433	74.7	3	2020.5.22	4Q	
3,114	76.6	3	2020.5.15	4Q	
1,493	69.0	3	2020.5.20	4Q	
1,577	82.8	3	2020.4.23	4Q	
2,640	63.8	3	2020.5.19	4Q	
1,037	68.1	3	2020.5.12	4Q	
4,030	91.3	12	2020.4.30	1Q	
1,454	70.5	3	2020.4.24	4Q	
2,601	73.9	3	2020.5.11	4Q	
6,061	64.6	3	2020.5.14	4Q	
3,127	82.6	3	2020.5.13	4Q	
3,684	74.2	3	2020.5.13	4Q	
2,398	80.9	2	2020.4.14	4Q	
3,615	80.6	3	2020.5.15	4Q	
1,490	65.9	6	2020.5.1	3Q	
6,986	69.0	3	2020.5.12	4Q	
2,306	81.9	5	2020.4.3	3Q	
1,724	67.1	3	2020.5.8	4Q	
3,883	64.1	3	2020.5.8	4Q	
1,751	72.2	3	2020.5.26	4Q	
1,595	70.4	3	2020.5.11	4Q	
1,757	63.9	3	2020.5.13	4Q	
4,502	76.6	3	2020.5.8	4Q	
2,353	81.0	12	2020.4.22	1Q	

No.	Code	銘柄名	1日平均の売買高 (万円)	純資産簿価 50,000百万円以上
161	7943	ニチハ	22,358	94,135
162	3593	ホギメディカル	36,855	93,921
163	2815	アリアケジャパン	75,642	93,432
164	3201	日本毛織	14,163	93,249
165	4958	長谷川香料	15,741	91,024
166	6651	日東工業	16,104	90,895
167	5988	パイオラックス	13,867	90,873
168	1835	東鉄工業	14,692	89,389
169	7976	三菱鉛筆	10,287	88,150
170	7581	サイゼリヤ	76,832	85,888
171	7942	JSP	12,282	84,646
172	9882	イエローハット	19,653	84,420
173	4078	堺化学工業	10,174	81,492
174	4694	ビー・エム・エル	23,769	80,422
175	6432	竹内製作所	67,238	83,683
176	1414	ショーボンドHD	58,240	80,292
177	9793	ダイセキ	33,938	76,313
178	9746	TKC	15,131	75,144
179	6118	アイダエンジニアリング	16,695	74,840
180	4917	マンダム	46,793	73,452
181	7965	象印マホービン	44,337	72,650
182	4046	大阪ソーダ	13,421	69,121
183	1926	ライト工業	31,405	68,215
184	6379	レイズネクスト	13,244	67,819
185	9672	東京都競馬	28,841	66,848
186	4008	住友精化	10,083	66,730
187	9039	サカイ引越センター	20,494	65,559
188	5310	東洋炭素	20,721	64,851
189	5541	大平洋金属	72,866	63,506
190	8155	三益半導体工業	19,832	62,762
191	6282	オイレス工業	10,594	60,642
192	6750	エレコム	39,298	60,401
193	4368	扶桑化学工業	20,724	60,289
194	5344	MARUWA	69,177	59,453
195	6999	KOA	31,668	58,216
196	6420	フクシマガリレイ	11,450	58,111
197	6140	旭ダイヤモンド工業	11,629	56,833
198	7476	アズワン	40,876	56,493
199	4812	電通国際情報サービス	31,039	55,496
200	9945	プレナス	12,608	55,491
201	6961	エンプラス	13,874	50,049

HD = ホールディングス

BPS 1,000円以上	自己資本比率 60%以上	決算月	データの日付	四半期	備考
2,579	66.7	3	2020.5.8	4Q	
3,104	88.0	3	2020.4.10	4Q	
2,918	88.9	3	2020.5.13	4Q	
1,264	63.1	11	2020.4.9	1Q	
2,196	81.6	9	2020.5.5	2Q	
2,240	73.6	3	2020.5.15	4Q	
2,546	88.8	3	2020.2.10	3Q	本決算発表遅延
2,561	60.7	3	2020.5.14	4Q	
1,542	74.9	12	2020.4.23	1Q	
1,754	71.5	8	2020.4.8	2Q	
2,730	63.4	3	2020.4.30	4Q	
1,827	76.9	3	2020.5.8	4Q	
4,657	64.4	3	2020.5.13	4Q	
1,873	65.4	3	2020.5.13	4Q	
1,755	76.8	2	2020.4.9	4Q	
1,492	81.8	6	2020.5.11	3Q	
1,637	76.0	2	2020.4.3	4Q	
2,859	78.8	9	2020.5.1	2Q	
1,243	71.1	3	2020.5.28	4Q	
1,495	73.2	3	2020.5.8	4Q	
1,075	75.9	11	2020.4.1	1Q	
2,913	62.4	3	2020.5.11	4Q	
1,313	67.4	3	2020.5.14	4Q	
1,233	67.3	3	2020.5.27	4Q	
2,341	71.9	12	2020.4.30	1Q	
4,659	64.1	3	2020.5.15	4Q	
3,193	70.3	3	2020.5.7	4Q	
3,099	85.2	12	2020.5.12	1Q	
3,243	90.4	3	2020.5.12	4Q	
1,954	64.6	5	2020.3.27	3Q	
1,901	74.5	3	2020.5.26	4Q	
1,372	71.3	3	2020.5.12	4Q	
1,698	87.1	3	2020.5.8	4Q	
4,821	84.1	3	2020.4.28	4Q	
1,580	76.7	3	2020.4.21	4Q	
2,898	65.7	3	2020.5.15	4Q	
1,000	79.3	3	2020.5.15	4Q	
3,026	69.2	3	2020.5.12	4Q	
1,703	62.9	12	2020.4.28	1Q	
1,428	63.5	2	2020.4.10	4Q	
4,002	89.7	3	2020.5.7	4Q	

本書掲載のデータは執筆時のものであり、今後、変更になる可能性があります。
著者のHPにて随時最新情報を発信していますので、ご参照ください。
本書掲載資料のダウンロードサービスなどもあります。

兜町大学教授の教え
http://www.prof-sakaki.com/

投資は自己責任で行うものです。本書を参考にしていただきながら、最終的に
は投資家各位の自己責任において判断ください。

〈著者略歴〉

榊原 正幸（さかきばら・まさゆき）

青山学院大学大学院国際マネジメント研究科教授。会計学博士。

1961年、名古屋市生まれ。84年、名古屋大学経済学部卒。90年、同大学大学院経済学研究科を経て、同大学経済学部助手。93年、日本学術振興会特別研究員（PD）となり、その後、渡英して英国レディング大学に入学。帰国後の97年より東北大学経済学部助教授。2000年、日税研究賞を受賞。01年、英国レディング大学大学院より博士号（PhD）を授与される。同年、税理士資格を取得。03年、東北大学大学院経済学研究科教授。04年4月から現職。

01年、フランス・国立レンヌ第1大学経営大学院客員教授、19年には早稲田大学にて非常勤講師として教鞭を取る。

学生時代から株式投資を始めるも、知識不足のため大きな損失を出す。その反省から、自身の研究内容を踏まえた科学的な投資法を追求し、継続的に大きな成果を上げるようになる。自分と同じような失敗をする人をなくすべく、ビジネススクールで教鞭を取るかたわら、東京・青山を拠点にしてファイナンシャル教育の普及活動を続けている。

シリーズ10万部突破の『株式投資「必勝ゼミ」』（PHP研究所）の他、『現役大学教授が実践している堅実で科学的な株式投資法』（PHP研究所）、『会計の得する知識と株式投資の必勝法』（税務経理協会）など、著書多数。

装丁——————————一瀬錠二（Art of NOISE）
本文デザイン・図版————桜井勝志
編集協力——————————スタジオ・チャックモール

現役大学教授が教える「お金の増やし方」の教科書
勝率99%の科学的投資法

2020年11月10日　第1版第1刷発行

著　者	榊　原　正　幸
発行者	後　藤　淳　一
発行所	株式会社PHP研究所

東京本部　〒135-8137　江東区豊洲5-6-52
　　　　　第二制作部　☎03-3520-9619（編集）
　　　　　普及部　☎03-3520-9630（販売）
京都本部　〒601-8411　京都市南区西九条北ノ内町11
PHP INTERFACE　https://www.php.co.jp/

組　版	有限会社エヴリ・シンク
印刷所	大日本印刷株式会社
製本所	東京美術紙工協業組合